D1937225

Karl-Heinz Ott

Ob wir wollen oder nicht

Roman

| Hoffmann und Campe |

Die Arbeit an diesem Roman wurde gefördert durch den Deutschen Literaturfonds e.V.

1. Auflage 2008
Copyright © 2008 by Hoffmann und Campe Verlag, Hamburg
www.hoca.de
Gesetzt aus der Fournier
Satz: Dörlemann Satz, Lemförde
Druck und Bindung: GGP Media GmbH, Pößneck
Printed in Germany
ISBN 978-3-455-40108-0

HOFFMANN
UND CAMPE

Ein Unternehmen der
GANSKE VERLAGSGRUPPE

Ob wir wollen oder nicht

Dass ausgerechnet ich hier sitzen muss, ausgerechnet ich, in diesem Loch mit einem Waschbecken, einer Kloschüssel und kahlen Wänden, Wänden mit Schmierereien, allen voran ein *Venceremos* mit zehn Ausrufezeichen, und das bei schönstem Wetter, an einem fast hochsommerlichen Herbstmorgen, von dem hier drinnen nur ein winziges Viereck zu sehen ist, ein wolkenloser Himmelsausschnitt, ausgerechnet heute, an einem Tag, zu dem Regen weit besser passen würde, einem Tag, der an mir hängen bleiben wird wie kein zweiter, weil längst alle wissen, dass ich abgeholt worden bin, zwar anonym, von sogenannten Zivilen, was aber nichts nützt, da den Walter aus dem Nachbardorf jeder kennt und es ihm mehr als peinlich war, ausgerechnet mich zum Mitkommen zwingen zu müssen, mich, von dem jedes Kind weiß, dass ich keinem etwas antun könnte, ausgerechnet ich, der überhaupt keinen Grund hätte, für etwas Vergeltung zu üben, das mir gar nicht angetan wurde. Als könnten diese Beamten nicht auf drei zählen, haben sie mich bloß deshalb festgenommen, weil Lisa und der Pfarrer verschwunden sind und der Maler gesehen haben will, wie ich an diesem Abend aus dem Hof der Wirtschaft gebogen sein soll, was nicht das Geringste bedeutet, weil man mich dort täglich ein- und ausgehen sehen kann, schließlich weiß ja jeder, dass wir etwas miteinander haben, und zwar bereits seit damals, als Bruno noch da war, obwohl

Bruno nichts davon bemerkt haben wollte, und sei es, weil er heimlich froh war, entlastet zu sein, was mir zwar nie in den Kopf gehen mochte und ich mir nur sagen konnte, dass es Dinge gibt, die verstehen mag, wer will, Dinge, über die man nur staunen kann und die einem immer fremd bleiben werden. Doch dass ich hier jetzt einsitze, ausgerechnet ich, der nichts getan hat, geht auf keine Kuhhaut, was der Walter genauso sieht, auch wenn er es nicht laut sagen darf, was ihn aber ganz klein werden lässt, als wäre es ihm heute Morgen lieber gewesen, wir würden uns nicht kennen oder wenigstens per Sie miteinander verkehren. Immerhin steckt er, was unsere kleinen Geschäfte anbelangt, mit mir, wenn man so will, unter einer Decke, obwohl diese Geschäfte kaum der Rede wert sind, Geschäfte, die mir nicht viel mehr als eine Geldstrafe einbrächten, ihn jedoch seinen Posten kosten könnten. Und deshalb hätte er diese Fahrt am liebsten einem anderen überlassen, auch um nicht vor mir buckeln und gleichzeitig den Souveränen spielen zu müssen, was Leute wie ihn nur umso erbärmlicher aussehen lässt, Leute, die kein Rückgrat besitzen und sich ständig entschuldigen möchten, anstatt nach außen hin den Schein zu wahren und das Spiel mit Würde mitzuspielen, zumal der andere, der am Steuer saß und wahrscheinlich sein Untergebener war, von unseren Geschichten nichts wissen kann. Allein seinetwegen hätte Walter nicht so kleinlaut auftreten und mir ständig gut zureden dürfen, als wüsste ich nicht selbst, dass das Ganze sich als Missverständnis herausstellen wird, obwohl mir mehr bekannt ist, als ich je zugeben darf, doch das allein kann mich niemals zum Verdächtigen machen, was jeder, der halbwegs bei Sinnen ist, auch einsehen wird.

Ich brauche nur zu erzählen, was an diesem Abend gewesen sei, glaubte er ständig auf mich einreden zu müssen, als könne man sich nicht denken, dass wir entweder zu Abend gegessen oder miteinander geschlafen oder vor dem Fernseher gesessen oder alles zusammen oder Gott weiß was gemacht haben, ohne dass es sich lohnte, darüber auch nur ein einziges Wort zu verlieren. Genau das gelte es eben zu klären, ich dürfe das nicht falsch verstehen, es sei doch eine Kleinigkeit, darüber Auskunft zu geben, nach einer kurzen Vernehmung sei alles erledigt, außer ich hätte etwas zu verschweigen, was er persönlich nicht im Geringsten glaube, da habe er volles Vertrauen, er habe hier nur seinen Job zu machen, so wie bei jedem anderen auch, da gebe es keine Unterschiede, im Grunde brauche ich keinerlei Angst zu haben, schließlich sei ich in die Sache doch nicht verwickelt, was man aber leider überprüfen müsse, da ich die beiden bestens kenne, so gut wie kein anderer, und an diesem Abend gesehen worden sei, weshalb sich diese Prozedur nicht vermeiden lasse, was jeder halbwegs vernünftige Mensch sicherlich einsehen würde.

Während Walter sich fast um Kopf und Kragen redete, als habe nicht ich, sondern er etwas zu befürchten, überholte der Fahrer, als sei er gereizt, ständig Lastwagen, Busse, Wohnmobile und Traktoren, sogar an Stellen, die nur Selbstmörder herausfordern können, wobei er während der gesamten Fahrt kein einziges Wort sagte, außer als Walter eine Kippe von ihm wollte, was er mit der verächtlich klingenden Frage quittierte: »Seit wann rauchst du?« – »Die zieht sich heute verdammt lange hin, diese Strecke«, fing Walter an zu stöhnen und begann auf die Windräder zu schimpfen, als könnte ein solches Thema uns ablenken. »Am Anfang dachte ich ja noch, das hat was, aber seit auf jeder Wiese zwanzig Stück von diesen Titanen die Landschaft verschandeln, würde ich sie am liebsten sprengen, alle auf einmal, bei Nacht und Nebel«, steigerte er sich in eine kleine Wut hinein, die einem Unwohlsein, das offensichtlich ganz andere Gründe hatte, Luft verschaffen sollte. Weil keiner von uns reagierte, fing er erneut an, mich zu beruhigen und nachzuhaken, warum ich nicht schlichtweg erzählen wolle, was sich an diesem Abend bei Lisa abgespielt habe, es könne doch nicht so schwer sein, auf eine klare Frage eine klare Antwort zu geben, schließlich würde mich das sofort entlasten, und die Sache wäre erledigt, Schluss, Aus, Amen, so einfach sei das.

Ja, so einfach sei das, dass es nicht das Geringste zu erklären gebe, das könne er sich doch denken, warum er sich denn dumm stelle, den Blöden spiele, schwachsinnige Fragen stelle. »Herrgottnochmal, seid ihr alle verrückt geworden?!«, fluchte ich in den Kurven das Höllental hinab, nachdem er mit seinen immergleichen Aufmunterungen und Ermahnungen keine Ruhe geben wollte und erst in der Stadt, als wir am Friedhof entlang im Stau standen, kopfschüttelnd in sich zusammensackte und endlich verstummte, wobei ich mich fragte, warum er nicht Streifenpolizist oder Strafzettelverteiler geworden ist, was ihn vor solchen Situationen bewahrte, zumal man nicht den beliebten Wirtshaussitzer und distanzierten Beamten zugleich geben kann. Als könnte es für lange Zeit meine letzte Fahrt über den Schwarzwald gewesen sein, hatte ich mir auf der Strecke hierher die Wald- und Wiesenwinkel, Kirchtürme und Felsvorsprünge wie etwas noch nie Gesehenes einzuprägen versucht, um – sollte es anders als erhofft kommen – in einer tristen Umgebung von diesen Bildern zehren zu können.

Spätestens morgen, wenn nicht noch heute Abend, sei ich wieder daheim in meinen eigenen vier Wänden, fing Walter nochmals an, bevor wir von einem Polizisten durch einen Torbogen gewinkt wurden, ein Eisentor sich öffnete und am Ende des Innenhofs uns ein weiterer Beamter mit der Frage »Kommt ihr von Dornbach herab?« begrüßte. Als sei ich ein Gast, der sich freiwillig auf den Weg hierher gemacht hat, bat man mich einzutreten und im Flur Platz zu nehmen. »Heiß ist's heut, man möchte nicht glauben, dass wir Ende September haben! Was haben Sie denn dabei?«, zeigte der Polizist auf meine Tasche, wartete aber eine Antwort erst gar nicht ab, sondern erklärte: »Sie sind nur ein paar Stunden hier, allenfalls eine Nacht, dann sehen wir weiter, ob Sie bei uns bleiben oder wieder nach Hause dürfen«, als würden *wir beide* entscheiden, *er* und *ich*, ob ich wieder entlassen oder eingebuchtet werde, als sei ich ein Kind oder ein seniler Patient, zu dem die Krankenschwestern sagen: »Heute essen wir aber schön auf, und dann gehen wir brav schlafen.«

Und jetzt sitze ich hier, ausgerechnet ich, bloß weil sie keinen anderen zu fassen kriegen, sitze hier, gehe auf und ab, drei Schritte hin, drei Schritte her, vom Bett zur Tür, vom Fensterloch zur Kloschüssel zurück, wie Tiere im Zoo, nur dass dort mehr Abwechslung herrscht, Tiere aber manchmal genauso dreinblicken wie ich jetzt im Spiegel, Tiere, von denen man denkt, sie müssten sich gerade etwas denken, wobei sie gleichzeitig ausschauen, als sei ihr Kopf vollkommen verstopft, was Tobsuchtsanfälle oder sonstige

Jähigkeiten keineswegs ausschließen muss, zumal man es in so engen, ausweglosen Räumen bereits nach einer halben Stunde bloß dadurch auszuhalten vermag, dass man dumpf vor sich hinzubrüten oder sinnlos zu wüten beginnt. Und all das nur, weil der Maler mich gesehen hat, ausgerechnet dieser Maler, der – seit es bei uns keinen Laden mehr gibt – bloß noch alle paar Wochen im Dorf auftaucht, ausgerechnet er, mit dem ich im Grunde Mitleid gehabt habe, seit Lisas Kusine in der Wirtschaft zum Besten gab, wie Kerr ihn behandelt, um nicht zu sagen vernichtet hat, diesen Maler, der drüben am Hang in einem Wochenendhaus, in einer Hütte mit Ofenrohr und Pergola, lebt und von dem keiner weiß, ob er je ein Bild verkauft hat, außer dass er von Kerr vor drei, vier Jahren mit einem gigantischen Auftrag beglückt worden ist, einem Auftrag für das neue Foyer seiner Fuhrparkzentrale, für diesen gläsernen Tempel, den ein zehn auf zwei Meter großes Gemälde krönen sollte, ein Gemälde in feurig roten Farben, die etwas Freudiges ausstrahlen und einen Willen zum Wollen vermitteln sollten, wie Kerr sich ausgedrückt habe.

»Da habe ich was springen lassen, einen Riesenbatzen für ein Riesengemälde, so einen Auftrag hat der noch nie bekommen, der kann ein ganzes Jahr von mir leben!«, soll er überall verkündet haben, und tatsächlich sei der Maler von da an in Liedberg kein einziges Mal mehr gesehen worden, als müsse er Tag und Nacht arbeiten, bis er, pünktlich zum Ablieferungstermin, morgens um acht mit einem Lastwagen vorgefahren sei, um Hilfe beim Entladen gebeten und das ellenlange, vielfach verschnürte und verpackte Ungetüm mit dem Hausmeister unter ständigen Vorsichtsrufen hereingeschleppt, es vor dem Empfangstresen abgestellt und dabei wie ein unruhiges Tier herumgespäht habe, in fiebriger Erwartung, der Chef werde das Werk sofort begutachten wollen, was aber nicht der Fall gewesen sei, im Gegenteil, denn beim zufälligen Vorbeikommen habe der ihn mit einem »Du kannst wieder gehen!« weggeschickt, was dieser habe überhören oder nicht richtig verstehen wollen und stattdessen damit angefangen habe, auf das leichenfahle Neonlicht zu schimpfen, das Gift sei für sein Gemälde, wobei der Chef längst verschwunden und der Maler, wie nicht von dieser Welt, sprachlos dagestanden sei, nicht wissend, ob er toben oder heulen soll, bis er, ohne jedes weitere Wort, mit wehendem Mantel und seiner schiefen Baskenmütze hinausgeeilt sei und vergeblich die automatisch sich schließende Tür zuzuschlagen versucht habe.

Als handle es sich um eine überlange Tischplatte, habe das unausgepackte Ding bis zum Abend am Tresen gelehnt, bis kurz vor Dienstschluss der Chef seine drei Bürobüttel um sich versammelt und mit Blick auf Lisas Kusine, seine Sekretärin, anzüglich von einer Enthüllung geredet habe, worauf die drei die Schnüre aufgerissen, das Packpapier zerfetzt und beim Anblick des Bildes alle drei wie ihr Chef zu schauen, genauer gesagt, auf das Gemälde und gleichzeitig auf ihn zu blicken versucht hätten, um jede Wandlung seiner Miene mitzuvollziehen und genauso dreinzuschauen wie er, da die drei ja nicht hätten wissen können, was ihr Chef jetzt denke, weshalb keiner etwas zu äußern gewagt habe, nichts Gutes, nichts Schlechtes, kein Hüsteln, kein Räuspern, im Unklaren, ob sie in Begeisterung oder Gelächter ausbrechen sollten, bis schließlich Kerr, als genieße er diese Situation, nach einer langen, stummen Weile die drei genauso fragend wie diese ihren

Chef angestarrt habe, als erwarte er von ihnen, dass sie endlich eine Regung zeigen, eine Regung, die natürlich die seinige spiegeln sollte, von der sie aber nichts Genaues hätten wissen können, weshalb sie sich zwischen einem halbherzigen Nicken und unentschiedenen Grinsen so lange gewunden hätten, bis er die Stirn gerunzelt und mit einem krachenden »So ein Schmarren!« die drei von ihrer Ungewissheit erlöst habe. Die gläserne Wand sei bis heute frei geblieben, und alle hätten es unglaublich gefunden, dass man diesem Dahergelaufenen, der sich als Maler ausgebe, noch Geld dafür hinschmeiße, dass er eine rote Fläche, wie jedes Kind sie malen könne, abzuliefern wage. »Bringt es ihm auf der Stelle zurück, bezahlt ist es ja!«, habe Kerr gehöhnt, und mit einem Sattelschlepper hätten sie den Schmarren, wie es von da an nur noch geheißen habe, vor seiner Hütte abgeworfen.

Und just dieser Habenichts, für den ich erst vor ein paar Monaten ein spottbilliges Auto besorgt habe, musste jetzt dem Walter unter die Nase binden, ich sei an besagtem Abend aus dem Hof von Lisa gekommen, als sei das der Dank für mein Mitleid und dafür, dass ich ihm nach der Geschichte mit Kerr auf die Schulter geklopft und ihn mit einem »Mach dir nichts aus diesem Idioten!« aufgemuntert habe, und als verbinde uns nicht bereits der Umstand, dass wir, ganz unabhängig voneinander und ohne uns zu kennen, vor dreißig Jahren hierhergezogen sind und schon deshalb nicht richtig dazugehören, weil wir in dieser Gegend keine Häuser, Wiesen, Äcker und Wälder, wie sie seit Generationen den Einheimischen gehören, vererbt bekommen werden, nur dass der Maler sich im Unterschied zu mir mit den Hiesigen so gut wie nie an einen Tisch setzt und sich lediglich alle paar Wochen im Dorf sehen lässt, wobei er ausgerechnet an diesem Abend mit seinem klapprigen Rad die Straße hinabfahren musste.

Das *Venceremos* an der Wand mit seinen zehn Ausrufezeichen wirkt lächerlich, doch damals, als ich das Bahnwärterhäuschen renoviert hatte, prangte über unserem Kühlschrank eine rote Fahne mit der gleichen Aufschrift. Es ist, als runde sich hiermit eine Geschichte ab, die damals begann und jetzt ein unvorstellbares Ende finden sollte, ein Ende, das nicht in einem Sieg, sondern in einem Entsetzen gipfelt, wie man es sich nicht einmal in den schlimmsten Träumen hätte ausmalen können. Obwohl ich nichts gemacht habe, könnte mir genau dieses Nichts zum Verhängnis werden, da vor dem Gesetz dieses Nichtstun ja als Tat erscheinen mag, gleichgültig wie die Paragraphen im Einzelnen lauten und die Einschätzungen der Staatsanwälte, Richter, Schöffen, Verteidiger, und wie sie sonst noch alle heißen mögen, ausfallen werden. Indem ich nichts getan habe, bin ich schuldig geworden, so jedenfalls würden sie mir meine Nichtbeteiligung an der Geschichte auslegen, ohne mir das Recht zuzugestehen, dass man für andere nicht in jedem Augenblick und immerzu verantwortlich ist, wobei Lisas Drohung, sie werde, sollte ich die Polizei rufen, den Beamten postwendend meine Polengeschichten auftischen, mir immer absurder, um nicht zu sagen ungeheuerlicher vorkommen will, als ließen sich ein paar läppische Autoschiebereien mit einem solchen Grauen auch nur im Geringsten vergleichen.

Dabei saß ich, wie jede Woche, mit dem Pfarrer noch vor ein paar Tagen zusammen, das heißt, wir hörten, wie so oft bei ihm, zehn Mal hintereinander auf einer kratzigen Platte seine Lieblingsarie, eine Arie, von der er gar nie genug bekommen konnte, einen Gesang aus Haydns *Schöpfung*, der erregt beginnt und sanft mit den Worten endet: »Leise rauschend gleitet fort im stillen Tal der helle Bach«, Sätze, die ich längst auswendig kenne, auch wenn es nicht meine bevorzugte Musik ist, eine Musik, die ich mir zu Hause nie auflegen würde, weil mir dabei ein Rhythmus fehlt, ein Rhythmus, bei dem man mitwippen kann, was wiederum der Pfarrer nicht mochte, wobei ich mich an diese Arien durch tausendmaliges Hören durchaus gewöhnte, schließlich gehörten sie zu diesen Abenden und strahlten sogar etwas Heilsames aus, eine Klarheit, die etwas Gefasstes besaß wie der Pfarrer selbst, eine Gefasstheit, die vor Wutausbrüchen nie gefeit war, Wutausbrüchen, mit denen man rechnen musste, auch wenn sie nur alle halbe Jahre stattfinden sollten, vor allem bei Themen, die im Grunde überhaupt nichts Persönliches an sich hatten, sondern – ganz im Gegenteil – mit diesen biblischen Übersetzungsfragen und dem ganzen weltanschaulichen Wirrwarr um sie herum zusammenhingen, mit einem Wirrwarr, der dem Pfarrer unendlich abgründig erscheinen wollte, Wortklaubereien, mit denen ich schon deshalb nicht viel anfangen konnte, weil Fragen, die sich mit Ja oder Nein beantworten lassen, mir näher sind als jene unlösbaren Gedankengespinste, wie sie dem Pfarrer, seit er seine Kutte an den Nagel gehängt hat, immer wichtiger werden sollten.

Doch was soll all das jetzt noch für eine Rolle spielen, schließlich wird es solche Abende nie wieder geben, Abende, die meinem Leben in den letzten Jahren eine

Ordnung, um nicht zu sagen einen Sinn verliehen haben, Abende, an denen wir oft nur stumm zusammensaßen, er in seinem quietschenden Schaukelstuhl, ständig die Pfeife im Mund, fast unerträglich gemächlich hin- und herwippend, scheinbar die Ruhe in Person, ganz anders als ich, der Stille nicht selten als etwas Beklemmendes empfindet, zumindest zwischen zwei Leuten, die ganze Stunden miteinander verbringen, wobei ich mich an dieses Schweigen mit der Zeit ebenso wie an diese Arien gewöhnt habe, als könne man, wenn die Dinge und Stimmungen sich wiederholen, mit allem vertraut werden, obwohl ich meinen Rededrang nur deshalb unterdrücken konnte, weil ich Angst hatte, den Pfarrer mit meinen belanglosen Gedanken zu langweilen, mich jetzt jedoch, im Nachhinein, wundere, dass bei dem wenigen, was über all die Jahre zwischen uns gesprochen wurde, dennoch eine ganze Menge zusammenkam. Dabei hatte ich bis zuletzt den Eindruck, meine Besuche seien ihm nicht wirklich wichtig, als hätte ich mehr von ihm als er von mir, obwohl er, wenn es um Besorgungen ging, meine Hilfe nicht nur ganz selbstverständlich in Anspruch nahm, sondern sich sogar einen Ton angewöhnt hatte, der ans Befehlen grenzte, einen Ton, bei dem ich mich am meisten über mich selbst und meinen Gehorsam wunderte, einen Gehorsam, der zwar grundlos, aber zur Gewohnheit geworden war und über den ich mich manchmal durchaus ärgerte, mir dann aber wieder sagte, es lohne sich nicht, solche Dinge eigens zur Sprache zu bringen, da sonst diese Abende hätten auf dem Spiel stehen können, Abende, die in mir gerade deshalb, weil der Pfarrer nur selten das Bedürfnis zu reden hatte, ihre eigene Unruhe hervorbrachten, die ich jedoch niemals hätte missen wollen, zumal es, nicht erst seit die meisten von hier weggezogen sind, in unserem Dorf außer Lisa und ihm niemanden gibt, mit dem ich hätte etwas anfangen können.

Bitte Türen sch ießen!, steht an allen Türen am Ende der Flure, Türen, die in einen anderen Trakt oder weißgottwohin führen, nur dass es kaum die Gefangenen gewesen sein können, die das fehlende *l* von den auf die Glastüren geklebten Plastikbuchstaben abgerubbelt haben, weil sie, so sauber wie es aussieht, dazu keine Zeit gehabt hätten, zumal sie ständig beaufsichtigt werden, weshalb es die Beamten selbst gewesen sein müssen, als wollten sie zeigen, wie witzig sie sein können, nur dass einem solche Witze bereits bei der zweiten Tür nicht mehr witzig vorkommen, *Bitte Türen sch ießen!*, da kann einer, der tatsächlich hier drinnen sitzt, allenfalls verquält grinsen, wobei ich mir immer wieder sagen muss, dass ich zu denen ja noch längst nicht gehöre und hier allenfalls eine einzige Nacht verbringe, eine Nacht, aus der sich einmal eine Anekdote machen lässt, obwohl die Geschichte als ganze sich überhaupt nicht für so etwas eignet und ich dieses blutüberströmte, von Tränen verwässerte, vollkommen aufgeweichte, wie nicht mehr sich selbst gehörende Gesicht, dieses Wimmern und Flehen nie werde vergessen können und keine Ahnung habe, warum sie das getan haben, auch wenn es gleichzeitig so leicht wie nichts anderes zu erklären ist, nur dass diese anderen Ereignisse inzwischen sieben Jahre zurückliegen und der Pfarrer so gut wie nie darüber reden wollte und eher ich es war, der ihn immer wieder angestachelt hat, was mich jetzt, im Nachhinein, beinahe zum Täter hinter dem Täter macht, zu einem Täter, der nie und nimmer etwas anzetteln, aber den Pfarrer mit diesen alten Geschichten auch nicht in Ruhe lassen wollte, und sei es nur, weil ich oft nicht so richtig wusste, was ich mit ihm reden sollte, und mich bei ein paar Gläsern Wein in eine gnadenlose Gerechtigkeitserregung hineingesteigert habe, bei der man hätte meinen können, ich selbst sei es gewesen, den man unschuldig vor Gericht gezerrt hat. Und jetzt, von heute auf morgen, gleichsam über Nacht, sozusagen aus heiterem Himmel, bricht aus dem Pfarrer ein Hass heraus, von dem all die Jahre über nicht das Geringste zu spüren war, weshalb ich mich frage, ob es damit zu tun haben könnte, dass die beiden offensichtlich zusammen sind und sich – ganz abgesehen davon, dass sie mich betrogen haben – durch eine Irrsinnstat aneinanderschweißen wollten, was zwar absurd anmutet, aber Lisa zuzumuten wäre, zumal sie von Phantasien angestachelt ist, die mein Vorstellungsvermögen, zumindest wenn sie ausgelebt werden wollen, zuweilen übersteigen, wobei sie von einer derart widerwärtigen Idee bislang noch nichts verraten hätte. Weil sie mich just in dem Augenblick zu sich gerufen hat, da der Pfarrer zusammengekauert, das Hemd bis zur Hose offen, neben dieser zugerichteten Frau auf dem Boden saß, dachte ich, was haben denn ausgerechnet diese drei miteinander, zumal Lisa noch nie etwas mit dem Pfarrer, aber auch nicht mit dieser Frau zu tun hatte, bloß dass solche Gedanken gar keine Rolle mehr spielen konnten und sofort klar war, warum Lisa am Telefon nur noch aus herrischer Panik bestand. »Komm sofort!«, schrie sie, ohne jede Erklärung, immer schriller, nachdem ich wissen wollte, was eigentlich los ist. Am liebsten wäre ich, schon weil ihr Befehlston unerträglich ist, daheim geblieben, aber die Neugier trieb mich, nachdem ich wie zum Trotz noch zehn Minuten verstreichen ließ, dann doch zu ihr hinüber. Dass diese zehn Minuten noch hätten etwas retten können, ist so gut wie ausgeschlossen, schließlich muss das, was ich zu Gesicht bekam, so weit fortgeschritten gewesen sein, dass die beiden nicht mehr ein noch aus wussten und mich aus heilloser Hilflosigkeit heraus meinten rufen und dadurch zum Mitwisser, um nicht zu sagen Mitschuldigen, machen zu müssen. Welche Rollen die beiden dabei im Einzelnen spielten, ist mir mehr als rätselhaft, wobei Lisa, wie es ja zu ihr passt, auf fürchterliche Weise alles in den Griff kriegen wollte, während Johannes gekrümmt an der feuchten, bröseligen Kellerwand lehnte, wie irr oder betäubt, als sei er selbst das Opfer, das Hemd, wie man erst beim zweiten Hinschauen sehen konnte, am Ärmel zerfetzt, als habe es einen Kampf gegeben, nur dass er, ein Bein von sich gestreckt, so nah und ohne jede ersichtliche Feindseligkeit neben dieser Frau saß, dass er sie hätte anfassen, ja umarmen können, in seinem abwesenden, verquälten Gesicht jedoch auch etwas Versonnenes aufzuleuchten schien, sodass man hätte meinen können, Erlösung und Entsetzen seien darin eins geworden.

Dabei saß ich noch zwei Tage zuvor mit ihm zusammen, habe ihn bereits in der Mittagszeit, weil der Tag so schön war, aufgesucht, kam nach einem Morgenspaziergang vom Wald herüber aufs Bahnwärterhäuschen zuspaziert, habe von weitem gewinkt, was er aber nicht sah oder nicht sehen wollte. Da saß er, ein reines Friedensbild, zwei Tage vor diesem Grauen noch draußen unter seinem Kletterrosenbaldachin, einer Pergola, die ich ihm, als er dort einzog, eigenhändig zusammengezimmert habe, saß da mit seinen zwei Dutzend Bibeln und Wörterbüchern und der verschnörkelten, blau geblümten, aus Omas Zeiten stammenden Porzellanteetasse, während von drinnen, als besitze er keine einzige andere Platte, wieder einmal diese immergleichen Arien heraustönten. Anstatt mich zu begrüßen, zeigte er zum Himmel hinauf, verglich die weißen Wölkchen, das Himmelsblau und den Dunst am Horizont wieder einmal mit verwaschenen Watteau-Wolken oder solchen von Tintoretto oder von weißgottwelchen Malern, die mir nichts sagen, nur dass ich mir diesmal die Bemerkung erlaubte, er scheine die gemalten für die echten und die wirklichen für nachgemachte zu halten. In diesem Jahr, so behauptete er dann noch, werde entweder überhaupt kein Schnee mehr fallen oder der Winter bereits Anfang November beginnen, wozu ich nickte, obwohl mir schleierhaft war, wie er zu solchen Prognosen gelangte. Wie so oft redete er, ohne mich anzuschauen, einfach vor sich hin, als spinne er jene Gedanken, die ihm sowieso gerade durch den Kopf gehen, einfach fort, schließlich hätte er sich sonst nicht völlig unvermittelt darüber erregen können, dass zu Beginn der Bibel nicht von Gottes Geist, sondern von dessen Sturmwind die Rede sei, was einen himmelweiten Unterschied ausmache, zumal man sich unter einem wilden, wüsten, wütenden Orkan ja das gewaltige Gegenteil eines ungreifbaren, sanft und friedlich über den Wassern schwebenden Odems vorstelle.

Warum er sich, obwohl der Prozess damals gut für ihn ausgegangen ist und ihm von der Kirche weit attraktivere Stellen angeboten worden sind, ausgerechnet in das von mir vor dreißig Jahren kläglich renovierte, zwischenzeitlich wieder zerfallene, abseits des Dorfes inmitten von Wiesen gelegene Bahnwärterhäuschen zurückgezogen und mit jemandem wie mir vorliebgenommen hat, bleibt mir bis heute ein Rätsel, obwohl er doch hätte wegziehen, eine andere Pfarrei übernehmen oder ins Kloster gehen und sich mit Leuten umgeben können, die ihm etwas ganz anderes zu bieten haben. Vor allem hätte sich dann das, was jetzt geschehen ist, kaum zutragen können, zumal er dieser Frau, deren Name mir beim besten Willen nicht mehr einfallen will, woanders noch weit weniger als hier je wieder begegnet wäre und es nur Zufall sein konnte, dass sie letzten Samstag bei Lisa aufeinandergestoßen sind. Doch durch das, was jetzt passiert ist, bekommt seine Entscheidung hierzubleiben, etwas geradezu Unheimliches, eine Unheimlichkeit, von der damals, als er seine letzte Predigt hielt, nicht das Geringste zu erahnen war, eine Predigt, bei der die Kirche voll wie noch nie war, wobei jeder die erigierten Schwänze und wüsten Worte begutachten konnte, die über Wochen hinweg in die Bänke geschnitzt worden waren, Ausdrücke, von denen Schweinepriester und Triebficker noch zu den sanftesten gehörten, nur dass bei diesem Hochamt keiner von all denen zu sehen war, die zuvor bloß deshalb die Messe besucht hatten, um einen Perversen zu begaffen, einen Perversen, der es wagte, weiterhin öffentlich aufzutreten, obwohl auch diesmal fast nur Neugierige herbeigeströmt kamen, Neugierige, die sehen wollten, wie der Pfarrer sich verhalten, ob er über die jüngsten Ereignisse reden, das Gerichtsurteil kommentieren oder, als sei nichts gewesen, schlichtweg zum kirchlichen Alltagsgeschäft zurückkehren würde. Immerhin gab es auch Stimmen, die von einem lauwarmen Freispruch und einem bloßen Mangel an handfesten Beweisen sprachen, nicht zuletzt ein Schreiberling des *Donauboten*, der sich zu orakeln erlaubt hatte, dass das so häufige, scheinbar demütige Schweigen des Angeklagten und dessen schmallippige Beteuerungen, nicht zu wissen, worum es eigentlich geht, sich noch einmal als Zeichen einer ganz besonders satanischen Verruchtheit entpuppen könnten.

Wir alle, die an diesem Sonntag in die Kirche gingen, dachten wahrscheinlich, solche Beleidigungen könne der Pfarrer nicht unbeantwortet lassen, doch als handle es sich um eine ganz gewöhnliche Predigt, stand er so gelöst vor uns, als komme er gerade aus den Ferien zurück, nur ein wenig abgemagert, aber mit umso markanteren, um nicht zu sagen schöner hervortretenden Gesichtszügen, wie noch nie zuvor barfuß in Sandalen, als wolle er schlichter denn je, gleichsam wie der heilige Franziskus, vor uns hintreten, um bis zum Ende kein einziges Wort über die vergangenen Wochen und sich selbst zu verlieren und stattdessen auf die herabstürzende Taube und das Flammenzeichen über dem Altar zu verweisen, ein schlichtes Deckengemälde, das neben dem goldenen Dreifaltigkeitsauge das einzige Fresko am geweißelten Gewölbe ist. Wir alle reckten, als er mit seiner Rechten in die Höhe wies, die Köpfe hinauf, als handle es sich um eine Bilderklärung, wie man sie in Museen erlebt, nur dass der Pfarrer, wie man es gar nicht an ihm kannte, in geradezu grotesker Ausführlichkeit über das Herabstürzen dieser Taube zu philosophieren anfing, über ein Herabstürzen, das in Wirklichkeit kein Stürzen, sondern ein jähes, unerwartetes Herbeieilen sei, ein Herbeieilen aus heiterem, gewittrigem oder nächtlichem Himmel, je nachdem, wie man es empfinden wolle, schließlich könne die unverhoffte Ankunft des Heiligen Geistes jeder anders wahrnehmen, nur dürfe man, wenn es so weit sei, sich dieser Art von Advent nicht verschließen, einem Advent, der nicht auf Weihnachten hinziele, sondern sich jederzeit ereignen könne, in jedem einzelnen Leben, als eine plötzlich geschenkte Gnade, als ein Licht, das weit mehr als bloße Einsichten eröffne, da Einsichten alleine noch keinerlei Erlösung verbürgten, wobei man diese Gnade umso überwältigender erlebe, wenn es sich um ein Herabstürzen im Augenblick größter Gefahr, im Augenblick einer nicht mehr aufzuhaltenden Vernichtung handle, einer Vernichtung, in der man wie noch nie die Kraft eines Aufschwungs in sich spüre, eines Aufschwungs, der sich genausowenig wie das Fallen dem eigenen Willen verdanke, sondern sich zum allergrößten Erstaunen von jetzt auf gleich in ebenso mächtiger wie sanfter Weise von alleine ergebe, als werde man von lichttrunkenen Gewalten getragen, um dabei wie nie zuvor zu erfahren, was es heiße, freier denn je zu atmen, als habe ein Feuer alles Verhärtete, Verkrampfte und in sich Verschanzte vernichtet und die Brust von allem Verstockten von Grund auf erlöst, sodass man eine nie dagewesene Kraft und Klarheit in sich verspüre, eine Kraft, die aus der größtmöglichen Erschöpfung erwachse und einen Frieden über Geist und Seele bringe, wie man ihn aus eigenem Antrieb niemals erzwingen, sondern sich ihm nur öffnen und überlassen könne, weshalb dies seine allerletzte Predigt sei, die er im Leben halte, was bedeute, dass er mit diesen Worten sein Amt für immer niederlegen und mit der wunderlichen Kraft der Kraftlosigkeit Abschied von den Ansprüchen einer unerträglich gewordenen Aufgabe nehmen werde.

Wie versteinert saßen wir in unseren Kirchenbänken

und starrten auf den Pfarrer, als müsse die Predigt weitergehen oder als hätten wir nicht richtig gehört und trotzdem nur zu genau verstanden, obwohl von einem wirklichen Verstehen keine Rede sein konnte, auch wenn das, worauf es hinauslief, leicht zu begreifen war. Spätestens am Ende wusste jeder, welche Botschaft sich hinter diesem Begriffs- und Bildertaumel versteckte, als habe da einer tatsächlich in fremden Zungen und dennoch in aller Klarheit zu uns gesprochen. Nie hatte ich in der Kirche eine solche Stille erlebt, eine Stille, die selbst von den sonst so munteren Spatzen und Schwalben nicht gestört wurde, sodass man hätte meinen können, die ganze Welt halte für eine Weile den Atem an. Um diese Stille zu durchbrechen, in der ein Hüsteln oder Räuspern oder auch nur das Knistern eines Kleides wie ein unerhörter Kommentar gewirkt hätte, schienen einige sogar klatschen zu wollen, was der Pfarrer aber mit einer abwehrenden Geste seiner rechten Hand sofort zu verhindern wusste. Als er, ohne jedes Anzeichen einer besonderen Rührung, die Messe schließlich ganz gewöhnlich weiter zelebrierte, setzte rundum ein Murmeln ein, das erst enden wollte, als er uns zum Abschied ein geradezu heiteres, um nicht zu sagen fast spöttisches *Friede sei mit euch!* zurief, das so klang, als bedürften ab jetzt nur noch wir, aber keineswegs mehr er dieses Segens. Mit dem Rücken zur Gemeinde verließ er dann, von zwei Ministranten flankiert, den Altarraum und erschien dabei wie ein Bühnenstar, der in einer überfüllten Dorfkirche, unscheinbar triumphierend, seinen Abschied gegeben und uns wie Verlorene zurückgelassen hat.

Jahre später gestand er mir, nach Prozessende zwei Tage lang bloß geheult, gezittert und alles um sich herum nur noch verschwommen wahrgenommen zu haben. Danach sei er wie ausgewaschen gewesen, leer und leicht, wie losgelöst von der Welt, als habe er alles hinter sich, nicht nur diese Geschichte, vielmehr alles Mühselige überhaupt und vor allem jene Illusionen, von denen er bis dahin gar nicht gewusst habe, dass es welche seien, nämlich die Hoffnung auf ein Leben, dessen Glück sich in der Anerkennung durch andere, durch eine ganze Gemeinde, durch eine Herde von Schafen, deren Hirten er spiele, erfüllen sollte. Als er, nicht erst während dieses Prozesses, keinen Boden mehr unter den Füßen gespürt habe, sei ihm dieses Abgründige wie etwas Rettendes vorgekommen, wobei der ersehnte Freispruch dieses Gefühl nicht einmal habe verstärken können.

Warum einer, der seine besten Jahre noch vor sich gehabt haben könnte, wie ein von allen Glaubensartikeln befreiter Mönch am Rande eines Kaffs den Rest seines Lebens zubringen wollte, kann ich beim besten Willen bis heute nicht verstehen, obwohl er in diesen Nächten, wenn wir zusammensaßen, bloß den Kopf darüber schüttelte, wenn ich es nicht begreifen mochte. Natürlich war es mir mehr als recht, mit ihm zweimal in der Woche die Abende verbringen zu dürfen, vor allem, nachdem unser Dorf zur gleichen Zeit, als er seinen Pfarrrock an den Nagel hängte, mit der Einweihung der Brücke von der Welt abgeschnitten wurde.

Und jetzt denke ich: Herrgottnochmal, vor vier Tagen sind wir noch draußen in der Sonne zusammen gesessen, es kann nicht sein, dass das, was passiert ist, wirklich passiert ist, ich träume bloß schlecht und wache gleich auf und reibe mir beim Kaffee noch ein paarmal die Augen und gehe zum Pfarrer hinunter und erzähle ihm alles und lache darüber. Doch hier drinnen ist es so leise, dass man gar nicht mehr in einer noch größeren Stille aufwachen könnte, während die kahlen, von Kratz- und Schleifspuren gezeichneten Wände mich anschauen wie einen Schuldigen, der lieber in einem Trapistenkloster das Alleinsein ausprobieren und alles dafür geben würde, wenn er aus einem Traum aufwachen und in unsere belanglose Dorfwirklichkeit zurückfallen könnte, in eine Wirklichkeit, in der er manchmal davon geträumt hat, zwei, drei Tage oder länger im Gefängnis zu sitzen, um zu erfahren, wie es sich ohne dieses Drumherum anfühlt, das uns die Zeit vertreibt, als könne man erst hier über sich und das Leben nachdenken, was ich, obwohl noch keinen halben Tag hinter Gittern, inzwischen keinem mehr empfehlen würde, zumal man nicht einmal eine Zeitung oder ein Buch mit in die Zelle nehmen darf und jede noch so habselige Habseligkeit gleich bei der Begrüßung abgenommen bekommt, als könne man sich vor Verzweiflung sogar an seinen eigenen Socken aufhängen und Fluchtversuche selbst mit einem Zahnstocher bewerkstelligen.

Immerhin haben die Zeitungen, nachdem seit sieben Jahren in unserem Dorf nichts mehr los ist, wieder etwas über uns zu berichten. Dass wir nicht mehr existieren, sah man am besten daran, dass selbst die Lokalblätter uns vergessen hatten, jene Lokalblätter, denen früher jedes gestohlene Mofa, jeder Dorfhock, jeder Feuerwehrball, jede silberne, goldene, diamantene Hochzeit, jede zehnjährige Mitgliedschaft im Schützen-, Sport-, Musik- oder Fasnetsverein, jedes Aufstellen des Maibaums, jede Baugenehmigung für die Erweiterung eines Saustalls und jedes Schulabschlussfest einen Bildbeitrag wert war, ganz zu schweigen von der Einweihung des Schwimmbads, das eine ganze halbe Seite eingenommen hatte, eines Schwimmbads, das mit seinen eingeschlagenen Scheiben längst wie ein Schießübungsplatz aussieht und von Pennern als Winterquartier genutzt wird, weshalb die Polizei schon vor Jahren Fenster und Türen mit Brettern verrammelt, das Gelände mit Stacheldrahtzaun abgeriegelt und ein Schild mit der Aufschrift *Betreten verboten!* aufgestellt hatte, nur dass der Stacheldraht seither die Penner eher vor der Polizei als die Schwimmbadruine vor den Pennern schützt. Doch all das ist der Zeitung längst keine zwei Sätze mehr wert, weder dem *Donauboten* noch dem *Schwarzwaldkurier*, auch wenn wir jeden Winter von Pennern überschwemmt werden und das Dorf dann wieder für eine Weile so viele Einwohner wie noch vor zehn Jahren zählt, nur dass das keinen einzigen Laden und auch die Kneipen nicht mehr zurückbringt, von denen außer derjenigen von Lisa alle eingegangen sind, ganz zu schweigen von meiner Tankstelle, die inzwischen wie ein verrostetes Postkartenidyll aus der amerikanischen Prärie aussieht, eine Tankstelle, die mich eine Zeit lang zu einem fast wohlhabenden Mann gemacht hat, der von der Zeitung sogar einmal um eine Stellungnahme zu den an Ostern und Pfingsten pünktlich steigenden Benzinpreisen gebeten worden ist, nur dass dann das, was in diesen Blättern zu lesen war, mit dem, was ich tatsächlich gesagt habe, so gut wie nichts zu tun hatte, als sei der Text schon vorher geschrieben und von mir bloß ein miserables Foto hinzugefügt worden, ein Foto, das in irgendeiner

Redaktion herumliegen muss und mit mir ebenso wenig wie diese hingedrehten Sätze zu schaffen hat, ein aufgedunsenes Gesicht, wie es meines gar nicht ist, als sei ich ein Säufer.

Bereits jetzt, am helllichten Tag, ist es hier drinnen schon so still wie bei uns nur nachts, bloß dass man sich dort droben allein wegen der Brücke nie ganz verloren fühlen kann. Wenigstens gelegentliche Schritte, Schlüsselgeräusche, das Rauschen einer Wasserleitung oder fernes Autogehupe müsste man in diesen vier Wänden doch gelegentlich hören, was aber nicht der Fall ist, weshalb es einem so vorkommt, als wollten sie einen mit dieser Ruhe ganz unruhig machen, so unruhig, dass man am Ende Dinge gesteht, die man gar nicht getan hat. »Je stiller es ist, desto weniger still ist es«, sagte der Pfarrer noch vor vier Tagen beim Draußensitzen in die Vogelgezwitscherstille hinein, worauf vom Dorf herüber sofort eine Säge aufzuheulen begann und auch Oskars Hodenhund an der Feldwegkurve auftauchte, wie es ja fast immer der Fall war, wenn wir vor dem Haus hockten und so taten, als bemerkten wir ihn gar nicht, nur dass er immer so lange zu uns herüberglotzte, bis wir Grimassen schnitten, worauf er jedes Mal wie ein Ziegenbock die Hinterbeine in die Luft warf, um wie angestochen mit seinen wild wackelnden Hodenlappen davonzurasen. Erst auf dem Heimweg machte es mich dann stutzig, dass Johannes ihm an diesem Tag »Ab nach Valparaiso!« nachgerufen hatte, wo doch gleich Warnlichter in mir hätten aufblinken müssen, ich jedoch nichts dabei dachte und mir vermutlich unbewusst sagte, dass diese Geschichte ihm wie den meisten hier bekannt ist und er auch die auffällig große Ansichtskarte am Tresen kennt, obwohl er als Pfarrer ja ganz selten bei Lisa in der Kneipe saß und all das eh lange her ist, wobei diese Karte dort immer noch hängt, bloß ein bisschen schiefer als früher und reichlich ausgebleicht, sodass die über der Bucht aufragenden bunten Häuser und der einst leuchtend blaue Himmel inzwischen etwas Erloschenes besitzen.

Dass ihr Bruder nicht einmal zu Mutters Beerdigung heimkam und auch noch behauptete, es zu spät erfahren zu haben, gehört zu den immergleichen Geschichten, die Lisa so gut wie jedem erzählt, nur dass sie seine Karte trotzdem hängen ließ und bei aller Wut auf ihn bis heute von einer Hafenkneipe in Valparaiso träumt, was bis vor zwei Tagen natürlich bloß ein Spleen war, nur dass sie seit Jahren ernsthaft glaubt, irgendwo in der Welt draußen warte man längst auf sie und biete ihr ein gemachtes Nest an, und sei es eine Hafenkneipe am anderen Ende der Welt, dort, wo das Leben wogt, man den ganzen Tag am Meer sitzen kann und die Einheimischen nach Sonnenuntergang nichts lieber als einen deutschen Sauerbraten aufgetischt bekommen wollen. Dass Johannes Flugangst hat, weiß sie vermutlich erst seit gestern, was hieße, dass die beiden das Schiff nehmen müssten, einen Hochseedampfer, der blinde Passagiere verstaut, die bei Seekrankheit schon zweimal nicht zu beneiden sind, zumal sie sich in keine Kajüte zurückziehen können, sondern zwischen Containern und Turbinen im Schiffsbauch umherirren müssen und noch froh sein können, wenn am Ende alles gut geht. »Schneller, als ihr denkt«, fanfarte Lisa bei jeder Gelegenheit, »schneller, als ihr denkt, bin ich eines Tages weg«, sodass jeder, der sie nicht kennt, sich gedacht haben mag, diese Frau will nicht in Dornbach versauern und aus ihrem Leben noch etwas machen, was man ihr, so vital wie sie wirkt, im ersten Augenblick auch stets glaubt, weshalb es im Grunde ein Wunder ist, dass vor ein paar Jahren, als die Kneipe noch einigermaßen lief, nicht noch mehr Dahergelaufene auf sie hereingefallen sind, lauter Typen, mit denen sie meinte, mich eifersüchtig machen zu können, nur weil ich immer von ihr wissen wollte, wie ein solches Leben dort unten kurz vor Feuerland eigentlich aussehen soll, weshalb ich dann gleich ein Spießer war, der bloß Angst vor dem Unbekannten hat, ausgerechnet ich, der weit mehr Ausbrüche hinter sich hat, als Lisa sie sich je zu erträumen wagt.

Bald wird das Dorf wieder in Schnee versacken und noch unsichtbarer werden, als es eh schon ist, bloß dass ausgerechnet an Weihnachten seit Jahren kein Schnee mehr fällt und keine richtige Weihnachtsstimmung aufkommt, ein Weihnachtsfrieden mit weißer Weihnachtsstille, in der jedes Gebell und jeder Schritt in einer Weite nachhallen, die in ihrer Unendlichkeit etwas zutiefst Heimeliges besitzt, nur dass in diesem Jahr, selbst wenn der Schnee unser Tal barmherzig bedecken sollte, während der Weihnachtsmette jeder an das denken wird, was hier geschehen ist, weshalb es besser wäre, die Gassen blieben diesmal an Heiligabend tatsächlich grau und verschwänden in Nebel. Dass so etwas unter einem wolkenlosen Spätsommerhimmel passieren konnte, an einem Tag, der schöner nicht hätte sein können, will mir noch ungeheuerlicher vorkommen, als wenn Wind und Wetter wüst und düster gewesen wären, so wie einst bei Jesu Kreuzigung, als die Erde zu beben begann und im Tempel der Vorhang entzweiriss. Obwohl die Natur sich um das, was wir Menschen anstellen, bekanntlich nicht kümmert, verbindet sich für mich alles Grauen mit trüben, tristen, trostlosen Tagen, schließlich ereignen sich gruselige Geschichten ja auch meistens unter dräuenden Gewitterhimmeln, zumindest in alten Filmen und solchen Romanen, die in früheren Zeiten spielen. Doch ganz anders bei uns vor zwei Tagen, als man sogar an den Baggersee hinüber hätte fahren und später einmal erzählen können, dass wir damals, vor Jahren, noch Ende September beim Baden in Liedberg drüben waren. Trotz alledem wird es auch diesmal ein Winter werden, der den früheren ähnelt und einem Augenblicke vergönnt, in denen man sich in der warmen Stube so wohlig fühlt, dass man meinen könnte, erst eine leise Einsamkeit lasse eine Ahnung von Glück aufkommen, zumal an solchen Tagen, da nichts sich zu rühren und die Zeit stillzustehen scheint, Tagen, an denen man sogar das Leben in einem von der Welt abgeschnittenen Dorf wie eine Gnade empfinden kann.

Gäbe es hier drinnen einen Fernseher, könnte man sich wenigstens von sich selbst ablenken, schließlich kann man mit einem Fernseher überall überleben, selbst in einer solchen Zelle, auch wenn einem dabei unentwegt vorgeführt wird, was man draußen in der Welt alles verpasst. Einfach hinstarren, nichts mehr denken, die Bilder flimmern lassen und müde werden, so wie an diesen Abenden mit Lisa, nur dass Lisa solche Abende nicht ausstehen konnte, weil ich, aufs Sofa hingestreckt, das Insbettgehen oft so lange hinauszögern wollte, dass an andere Dinge nicht mehr zu denken war.

Schiebt man die Spindtür langsam auf und zu und spielt mit ihr, um ihr Quietschen zu hören, jodelt sie zwei Augenblicke lang rauf und runter wie ein heiserer Tiroler, danach fängt sie an, verrostet zu stottern, dann wieder knarrt sie, als möchte sie schimpfen und kichern in einem, um anschließend, wie damals die Tochter vom Walter, fürchterlich Geige zu spielen, bevor sie sich eine kurze Pause gönnt, auf die fast unheimlich leise ein so hoher Ton folgt, dass man meinen könnte, es sei eine unendlich weit entfernte, bloß angedeutete Stimme wie aus dem Himmel. Immerhin kann so eine Tür für eine kleine Weile eine ganze Welt ersetzen und sogar eine Ahnung vom Jenseits vermitteln, wenn man wie noch nie im Leben restlos allein ist, was ich zwar durchaus gewohnt bin, doch anders als jetzt, da es gar keine anderen Möglichkeiten mehr gibt, und sei es, dass man sich ins Auto setzt und ziellos herumfährt. *Levenslange celstraf*, *Krüger grüßt alle Albstädter*, *Woytek*, *Hani*, *Mohamed*, Sprüche und Flüche, kyrillische und arabische Zinken und Zeichen, von denen manche Fluchtpläne sein könnten, hingekritzelte Brüste, Beine, Haare und Scheiden, all das verwandelt diese singende Tür in eine riesige Buchseite, die wie tätowiert aussieht und kaum noch Platz für einen wie mich lässt, wobei es, würde auch ich etwas einritzen, mir sofort so vorkäme, als wäre damit mein Hierbleiben bereits besiegelt.

Auf der Innenseite hängt das Gesicht einer Asiatin, die mit zugebissenen Lippen auf einem weißen Laken liegt und ihre halb offenen Augen verdreht, als würde sie stöhnen oder gar nicht mehr leben. Vom Hals an ist das Bild abgerissen, als hätte da einer, der entlassen wurde, noch schnell ihren Unterleib eingepackt, an ihrem Kopf aber kein Interesse gehabt. Dass Wollust nach nichts Fröhlichem, sondern nach reiner Qual aussieht, beweist dieses Foto. Vom

Bett aus schaut man, den Blick ein wenig in Richtung Fenster gedreht, genau auf diese Frau, wobei die Vorstellung, hier noch mit anderen liegen zu müssen, sofort so etwas wie Scham aufkommen lässt, ganz zu schweigen von der Angst vor solchen Kerlen, die das halbe Leben in Knästen verbringen, wovon es Geschichten zuhauf gibt, Geschichten, an die ich lieber gar nicht denken möchte, da ich mich überhaupt nicht wehren könnte und einfach mitspielen müsste, um es so schnell wie möglich hinter mich zu bringen, was allerdings auch nicht viel nützte, da die Tage lang und die Nächte noch länger sind und es ständig so weitergehen und jedes Petzen zu bloß schlimmeren Torturen führen könnte, weshalb man solche Dinge in der Phantasie vielleicht doch vorher ein paarmal durchspielen sollte, um ein bisschen gewappnet zu sein, wobei ich mir immer wieder sagen muss, dass man mich allenfalls eine einzige Nacht hierbehält oder ich möglicherweise in einer halben Stunde schon wieder draußen bin, nur dass einem eine halbe Stunde in einer solchen Zelle wie eine Ewigkeit vorkommen will und man sofort, wenn die Tür hinter einem zukippt, jedes Gefühl für die Zeit zu verlieren beginnt.

»Vergiss deine Uhr nicht!«, hätte Walter vor der Abfahrt ruhig zu mir sagen können, zumal Uhren im Unterschied zu Zahnstochern hier drinnen erlaubt sind, was der ausgemergelte Beamte mit seiner behaarten Warze neben der Nase auch noch eigens betonte, als tue es ihm fast leid, mir meine belanglosen Habseligkeiten, das Kleingeld, ein Schweizermesser und ein paar alte Hustentabletten, abnehmen zu müssen, während er eine Uhr hätte großzügig gewähren dürfen, nur dass Walter an alles, bloß daran nicht dachte, auch wenn ich außer der Telleruhr an der Küchenwand längst keine andere mehr besitze, er mir jedoch hätte die seinige ausleihen können, sodass diese kriechende Zeit für mich wenigstens sichtbar bliebe und ich dann wüsste, ob schon zwei oder drei Stunden vergangen sind oder erst eine halbe, was sich an dem wenigen Licht, das von draußen hereinkommt und unentwegt gleich zu bleiben scheint, nicht im Geringsten ablesen lässt, weshalb man fast meinen möchte, seit meiner Ankunft sei alles Leben in Stillstand verfallen, wobei diese Ankunft in den Augen des Warzigen eh schon etwas Verspätetes hatte, zumal er wie zum Bedauern, aber auch ein bisschen vorwurfsvoll bemerkte: »Das Mittagessen haben Sie bereits verpasst!«, als reise man hier vor allem der Nudelsuppe wegen an.

Woytek, *Hani*, *Mohamed*, beim bloßen Gedanken, mit Leuten, die derartige Namen tragen, in einer Zelle hausen zu müssen, könnte einem schlecht werden, weshalb ich, koste es, was es wolle, auf Einzelhaft drängen müsste, die angesichts dessen, was einen mit solchen Leuten vermutlich erwartet, das reine Glück wäre, nur dass ich mir immer wieder sagen muss: Du gehörst nicht dazu, nicht heute, nicht morgen, nicht übermorgen, du bist nur zufällig hier, nur diese einzige Nacht, wie nicht bloß Walter, sondern auch der Begrüßungsbeamte betont und damit Menschenkenntnis bewiesen hat, auch wenn man den Leuten nicht gleich an der Nase ansehen kann, wozu sie fähig sind, zumal ich dem Pfarrer alles, nur das nicht zugetraut hätte, obwohl er, im Gegensatz zu mir, natürlich Gründe hatte, nur dass man sich wundern muss, warum dabei ganze sieben Jahren vergangen sind und ausgerechnet jetzt, wo Lisa offensichtlich mit ihm zusammen ist, eine solche Rachsucht in ihm zu toben anfing.

Wieviel Zeit inzwischen vergangen ist, weiß ich beim besten Willen nicht, doch zu trinken könnte man längst etwas vertragen, am besten ein Bier oder auch zwei, um den Kopf müde zu machen und die Gedanken verschwimmen zu lassen, zumal es allmählich so aussieht, als käme das Gespräch mit dem Haftrichter heute nicht mehr zustande, obgleich es hieß, dass es schnelltsmöglich anberaumt wird, was man, falls der Richter eine Magen-Darm-Grippe kriegt und kein Ersatz vorhanden ist, allerdings vergessen kann und Leute wie mich, die zu Unrecht hier drinnen sitzen, sofort zu richtigen Gefangenen macht, Leute, von denen es im Dorf noch am gleichen Tag heißt: »Den behalten die sowieso!«, auch wenn es mir egal sein kann, was alles geredet wird, schließlich bin ich nichts und niemandem etwas schuldig und schon zweimal von keinem abhängig, zumal es dort oben eh nichts mehr zu verlieren gibt, keine Tankstelle, keine Ehre, keine Frau, keine Kinder, auch keine Lisa und keinen Pfarrer mehr, nur dass mir Lisa ausgerechnet seit gestern nicht mehr aus dem Kopf gehen will, was ganz gruselig ist, zumal ich es mit ihr, wie schon lange nicht mehr, am liebsten sofort treiben würde, ausgerechnet jetzt, wo sie diese Frau in einer Art Blutrausch bis zur Unkenntlichkeit im selben Keller zugerichtet hat, in dem sie mich, mit kreisendem Unterleib an die Wand gelehnt, bei unserem allerersten Mal erwartet und ihren Rock hochgeschoben hatte, obwohl Bruno jeden Augenblick hätte die Treppe herabkommen können, was Lisa aber gerade zu reizen schien, mich jedoch derart verkrampft machte, dass ich es, halb gierig, halb gebremst, so leise und flink wie nur möglich hinter mich bringen wollte, während sie mir ständig ins Ohr biss und flüsterte: »Nicht so schnell!«

Dass Lisa auf Orte steht, an denen man erwischt werden kann, fand ich von Anfang an reichlich anstrengend, auch wenn es einen noch einmal ganz anders aufpeitscht, nur dass die Gier bei mir dann meist ins Gegenteil umkippte und schließlich gar nichts mehr ging, weshalb ich immer Angst hatte, gleich als Null dazustehen, bloß weil es mir lieber ist, einfach umstandslos miteinander ins Bett zu gehen, anstatt am Waldrand die Hosen herunterzulassen oder einen Jägerstand zum Wackeln zu bringen, was Lisa allerdings als eine Art Kick brauchte. Und ausgerechnet jetzt, nach diesem Grauen, schwirrt sie mir ständig im Kopf herum, als stehe sie vor mir und sei für alles bereit, wie damals im Keller, als ich ihr den Mund zupresste, damit man oben nicht mitkriegt, was dort unten abläuft, was sie nur umso wilder machte, als lege sie es auf einen Skandal geradezu an.

Wäre Lisa, völlig außer sich, nicht von der Idee besessen gewesen, *die Sache zu Ende bringen zu müssen*, wie sie, mit geballten Fäusten, fast spastisch vor Erregung, immer wieder gepresst in sich hineinschrie, hätte sich alles wieder einrenken lassen, nur dass einem ihre panische Angst, von dieser Frau angezeigt zu werden, trotz allem einleuchten musste, zumal ihr kaum etwas anderes übrig geblieben wäre und es allein schon die Ärzte für sie getan hätten, auch wenn es reiner Wahnsinn ist, eine eigenhändig angerichtete Katastrophe mit einer noch viel größeren aus der Welt schaffen zu wollen. Immerhin war ich, um diesem Amoklauf ein Ende zu machen, einen Moment lang äußerst entschieden, die Blutende an der Hand zu nehmen und ihr aus dem Keller herauszuhelfen, nur dass ich mich auf einmal wie gelähmt fühlte und die Gedanken in alle Richtungen durcheinanderschossen, weshalb man behaupten könnte, ich selbst habe diese Frau in gewisser Weise auf dem Gewissen, was natürlich eine ungeheuerliche Übertreibung wäre, zumal es hieße, die Tatsachen restlos zu verdrehen und aus jemandem, der in höchster Not gerufen wird, ohne zu wissen, was ihn erwartet, einen Täter zu machen, anstatt zu bedenken, dass ich es ja eigentlich bin, der jetzt Hilfe bräuchte, nur dass ich mich niemandem anvertrauen kann, ohne mich selbst zu beschuldigen, weshalb es keinen einzigen Ausweg gibt und ich wie noch nie auf mich allein zurückgeworfen bin. Wer in diesem Augenblick nicht dabei war, wird eh niemals mitreden können, schon gar kein Richter und Staatsanwalt, schließlich kann es gerade in diesem Fall keine Gerechtigkeit geben. Wie sehr Johannes seine Gelassenheit über all die Jahre hinweg maßlos überschätzt haben muss, lässt sich erst jetzt erahnen, obwohl es lange so ausgesehen haben mag, als sei ausgerechnet mir, der überhaupt nicht betroffen war, an so etwas wie Rache gelegen gewesen, wogegen er glaubte, den Großzügigen spielen zu müssen, einen Großzügigen, der alles verzeihen zu können meint, nur dass reichlich unklar ist, wie es eigentlich dazu kommen konnte und warum Lisa Johannes denn benachrichtigt hatte, außer sie meinte, es ihm schuldig zu sein, und dachte: Man kann doch nicht hinter seinem Rücken mit einer solchen Frau Kaffee trinken, als sei nichts dabei.

Wie früher bei Oma daheim schaut einen das Vesperbrettchen geradezu gütig an, ein Vesperbrettchen mit Blumenmustern, an allen Ecken abgeschabt, mit einem *Guten Appetit* in altdeutscher Schrift, das wahrscheinlich auch Hani und Mohamed schon benutzt haben, nur dass Mohamed keinen Wurstsalat bekommen hat. Ansonsten: blaues Leintuch, blauweiß kariertes Bettzeug, blaue Jeans, blaugraues Holzfällerwollhemd, alles ausgewaschen, tausendmal benutzt, Sträflingskleidung ohne Streifen, ganz anders als in Filmen, und ständig dieser kalte Rauch wie in solchen Kneipen, bei denen das Lüften längst nichts mehr nützt. *Krüger grüßt alle Albstädter*, mein Gott, wie manche noch witzig sein wollen, wenn sie hier drinnen sitzen. »Spar dir einen Anwalt, das macht keinen guten Eindruck!«, meinte Walter gleich beim Abholen, womit er natürlich recht hat, zumal es in diesem Fall ja tatsächlich nur das zu verbergen gibt, was ich nachweislich nicht getan habe.

Als ich in der Unterhose vor ihm stand, meinte der Beamte: »Schmuck, Uhr und Ehering hätten Sie behalten dürfen!«, womit man, geradezu nackt, mit leicht eingezogenem Bauch, noch dafür verspottet wird, dass man keine Rolex besitzt, kein Zuhälterkettchen um den Hals hängen hat und nicht verheiratet ist. Würde man mir früher gesagt haben, dass Uhren erlaubt sind, hätte ich vielleicht wirklich meine Küchenuhr mit dem Leuchtturm mitgebracht, um der Zeit bei ihrem lahmen Vergehen wenigstens zuschauen zu können und das Ticken zu hören, während ich daheim schon lange keine Uhr mehr benötige, zumal die Zeit seit sieben Jahren sowieso keine Rolle mehr spielt. Dass man ohne Arbeit noch viel müder werden kann, als wenn der Tag aus Hetze besteht, haben diese Jahre zur Genüge bewiesen, als sei das, was man alles nicht macht, eine viel größere Last als das, was einen ständig nach Erholung rufen lässt. Warum Walter bei der Herfahrt mehrmals meinte betonen zu müssen, dass man im Knast zum Arbeiten keineswegs gezwungen werden kann, weiß ich auch nicht.

Zu Hirsau in den Trümmern, da wiegt ein Ulmenbaum frischgrünend seine Krone hoch überm Giebelsaum --- die einzigen Gedichtsplitter, die mir aus der Schule geblieben sind. Dabei gibt es draußen nur Gras und eine Mauer zu sehen. Als ich die Tankstelle übernahm, in jener Zeit, als bald darauf auch immer häufiger Trabis an den Zapfsäulen standen, wurde die Ulme aus dem Gedicht gefällt, wie ich eines Morgens aus der Zeitung erfuhr, wo noch mal ein Bild von ihr zu sehen war, vermutlich das letzte vor dem Fall, ein Bild mit dem Hinweis auf dieses Gedicht, das mir nur alle paar Jahre in den Sinn kommt, zuletzt wahrscheinlich damals.

Sollte der Aufenthalt hier länger dauern, müsste ich mir tatsächlich überlegen, ob sich nicht hinter dem Spind ein Loch durch den Garten graben ließe, nur dass ich wahrscheinlich in eine andere Zelle käme, sollte das Verhör nicht gut ausgehen, in eine Zelle, an die man sich von neuem gewöhnen müsste, selbst wenn sie vollkommen gleich aussähe, nur mit anderen Sprüchen an der Wand und auf dem Schrank, was sie bereits wieder fremd erscheinen ließe. Bei längerem Bleiben könne ich ein Kofferradio bekommen, meinte der Warzige.

Dabei sah die Toreinfahrt märchenhaft wie in Bilderbüchern aus, mit mittelalterlichen Brücken und Zinnen, nur dass das Silber am Portal aufgemalt war und beim Näherkommen alles immer billiger wirkte. Im Innenhof, der nur noch schäbig aussieht, stehen zerdellte Mülleimer herum, in denen man sich verstecken könnte. Ein bisschen Würde, dachte ich, müsste gerade der Eingangstrakt eines Gefängnisses ausstrahlen, damit man etwas von jener Macht zu spüren bekommt, der man an einem solchen Ort ausgeliefert ist. Würde ich nicht tatsächlich in diesem Loch sitzen, könnte man sich wie in einem Film vorkommen und vielleicht sogar Lust an dieser Lage finden, nur dass in Filmen solche Zellen selbst dann, wenn sie öde wirken, gleich heimeliger aussehen, weshalb man vor dem Fernseher oder im Kino auch nie auf die Idee käme, es könnte kalt hier drinnen werden, ganz zu schweigen davon, dass man in Filmen nie diese Stille ertragen muss, zumal gerade in solchen Situationen, in denen einer verloren auf seiner Pritsche sitzt, meistens Musik unterlegt ist. Könnte ich mich selbst wie im Kino auf diesem Bett sitzen sehen, würde ich wahrscheinlich denken: Ach, da sitzt einer und wartet, wie es weitergeht!, schließlich sieht man ja nicht, wie ihm das Blut in den Ohren dröhnt und er in seiner Unruhe nicht weiß, wohin mit sich, genausowenig wie man sieht, dass er sich schon kurz nach seiner Einlieferung vorstellen kann, wie man bereits nach wenigen Stunden den Schädel gegen die Wand schlagen möchte. Und all das bloß wegen dieses Malers, der keine Bilder verkauft und sich als Zeuge aufspielt, was man bei einem wie ihm nicht für möglich halten sollte, schließlich pfeifen doch gerade Leute wie er auf den Staat und machen daraus sogar eine Weltanschauung, nur dass sie dann erstaunlich schnell zur Stelle sind, wenn sie meinen, sich wichtigmachen zu können. Würde es in Strömen regnen und ums Gefängnis herum ein wütender Wind toben, wäre man wenigstens ein bisschen abgelenkt, obwohl es auch schön ist, dass man sich auf einen blauen Herbsthimmel freuen kann, sobald die Vernehmung vorbei ist. Weil hier allerdings nicht einmal gelegentlich ein Spatz auf dem Fenstersims sitzt oder Schritte zu hören sind, kommt es einem so vor, als ob man vergessen worden sei, obwohl doch irgendeiner daran denken müsste, dass auch ich hier noch sitze, zumal der Mann am Eingang zur Begrüßung ja eigens bemerkte: »Das Mittagessen haben Sie bereits verpasst!«

Hätte ich einen Nachbarn, könnte ich nicht einmal verstehen, was seine Klopfzeichen bedeuten, würde es ihm in den Sinn kommen, mich als den Neuen begrüßen zu wollen. Andererseits kann man von Glück sagen, noch nie darauf angewiesen gewesen zu sein, eine solche Sprache erlernen zu müssen, genausowenig wie die jener Zeichen und Zinken, die hier überall eingeritzt sind. Ich soll es wie eine Art Wartezimmer ansehen, in dem man sich manchmal gedulden muss, hat Walter gesagt, nur dass ich mich frage, warum man nicht einfach direkt zum Richter bestellt wird, mit Uhrzeit, Zimmernummer und Wegbeschreibung, und stattdessen den Umweg über eine Zelle nehmen muss, zumal ja jedes Kind weiß, dass es von solchen, die einmal hier drinnen waren, noch in hundert Jahren heißt: Der war im Knast!, auch wenn es bloß eine einzige Nacht war, und das noch zu Unrecht, eine Nacht, die ein kapitales Missverständnis ist, weshalb es wenig nützt, wenn man sich sagt: Ich sitze bloß in einem Wartezimmer!, als wollte Walter mich für blöd verkaufen, nur weil er Angst hat, ich könnte, durch zu langes Hierdrinnensitzenmüssen mürbe geworden, reinen Tisch machen und mit allem auspacken.

Wenn in Filmen Schauspieler, den gedankenschweren Kopf in die Hände gestützt, auf ihrer Pritsche trüb dreinblicken oder rastlos auf und ab gehen oder wie wahnsinnig an den Gitterstäben rütteln und Tobsuchtsanfälle kriegen, mag das zwar alles wie hier sein, nur dass sie anschließend wieder in der Kneipe sitzen und tausend Fans ihre Nasen an die Scheiben drücken, um sagen zu können: Ich habe Robert Redford gesehen!, der noch reichlich jung war, als er einen Gefängnisdirektor spielte und sich dabei als Gefangener verkleidete, um mitzukriegen, wie es dort wirklich zugeht, was ja alles recht und gut ist, nur dass man in Filmen nicht zeigen kann, wie diese Leute in ihren Zellen tagtäglich vierundzwanzig Stunden hinter sich bringen müssen und beim Hosenaufknöpfen Angst haben, dass eine Überwachungskamera alles mitansieht, ganz zu schweigen davon, dass jederzeit die Tür aufgehen kann und man dann, so gut es geht, den Dösenden zu spielen versucht.

Ob Lisa ihm erzählt hat, dass wir noch gelegentlich miteinander schlafen? Warum mich ausgerechnet jetzt diese Bilder mit ihr nicht loslassen, weiß ich nicht, ausgerechnet jetzt, wo sich in solche Bilder ständig dieses blutige Gesicht und der nach Hilfe schreiende Blick dazwischendrängen und man jemanden wie sie eigentlich überhaupt nicht mehr anfassen möchte, jemanden, der zu allem fähig ist, und das aus heiterem Himmel, sozusagen mir nichts, dir nichts, und auch noch ohne jeden Grund, außer sie wollte Johannes zeigen, dass sie zu allem bereit ist, selbst zum Schlimmsten, wobei dieses Schlimmste an diesem Abend auf einmal gar nichts Besonderes mehr war, als verliere man, wenn die Dinge sich so nah vor einem ereignen, das Gefühl fürs Maßlose, zumal man dann dasteht und, wie nicht ganz bei sich und trotzdem erstaunlich klar, überlegt, wie es jetzt weitergehen soll, nur dass für abwägende Gedanken dabei keinerlei Zeit ist und alles, was man macht, das Falsche sein könnte, zumal Lisa in einer Mischung aus Heulkrampf und

Tobsucht mit aller Gewalt wollte, dass man so schnell wie möglich etwas zu Ende bringt, aus reiner Verzweiflung, da alles andere genauso einen Skandal nach sich gezogen hätte, während Johannes so restlos benommen auf dem Boden an die Wand gelehnt dalag, als wüsste er in diesem Augenblick überhaupt nicht, was sie beide da eben angerichtet haben, nur dass Johannes, seinem abgetretenen Blick nach zu schließen, in seiner Erschütterung derart erschöpft wirkte, als könne ihm von jetzt an nichts mehr etwas anhaben, so entrückt, wie er dasaß, bestürzt und auf fatale Weise erlöst zugleich.

Hinge tatsächlich meine Küchenuhr hier drinnen, wäre ihr Ticken wahrscheinlich unausstehlich. So gerne ich jetzt fernsehen würde, so tyrannisch müsste das immergleiche Klacken dieser Küchenuhr klingen, ein Klacken, das mir, so leise, wie es ist, zu Hause außer bei ausnehmender Stille schon gar nicht mehr auffällt, in dieser Zelle jedoch eine monströse Penetranz bekommen könnte, ein Klacken, das einen vermutlich schneller, als man denkt, die Grenzen des Wahnsinns erahnen ließe, zumal es einem gerade dadurch, dass es mit seelenloser Gleichgültigkeit vom Fortgang der Zeit kündet, das Gefühl eines unerträglichen Stillstands vermitteln müsste.

Wäre Lisa tatsächlich in der Nähe, hätte es mit diesen Phantasien, sie unbedingt haben zu müssen, wahrscheinlich sofort ein Ende, wie so oft bei mir, von wenigen Ausnahmen abgesehen, genau genommen von nur einer einzigen, bei der es überhaupt nie eine Chance gab, dass Wunsch und Wirklichkeit sich berühren, zumal eine Neunzehnjährige aus Afrika sich kaum für einen fast dreißig Jahre älteren, an den

Rand des Schwarzwalds verschlagenen Tankstellenpächter interessieren konnte, einen Tankstellenpächter, der auch noch gerade dabei war, seine Tankstelle zu verlieren, und all das nur, weil er endlos viele Jahre seines Lebens sich selbst und die ganze Welt verändern wollte, anstatt ein Studium zu Ende zu bringen oder wenigstens eine Lehre zu machen, womit ich jetzt ganz anders dastünde und auch vor Amira mehr hergemacht hätte, mit einem Beruf, der einen solchen Altersunterschied vielleicht sogar hätte vergessen machen können, nur dass mir früher alles andere wichtiger war und wir uns damals mit unserem klugscheißerischen Entfremdungs- und Befreiungsgeschwätz weiß Gott wie überlegen vorkamen und die Zukunft bloß wichtig nahmen, solange es um Menschheitsbeglückungsdimensionen ging, die eigene jedoch damit kaputt gemacht haben, zumal wir eh alle für Idioten hielten, die morgens um sieben aus dem Haus gehen und abends geschafft vor dem Fernseher hocken.

Dass sie einzig und allein durch mich darauf aufmerksam geworden sind, muss ich, nicht nur, um hier wieder herauszukommen, absolut verschweigen, und zwar für immer, obwohl es durchaus für mich spräche, ich es aber nicht sagen darf, da sie sonst wüssten, wie genau ich Bescheid weiß, worauf die Anklage auf unterlassene Hilfeleistung oder so etwas Ähnliches lauten würde. Hätte ich nicht dabei gezittert, wäre es zum Lachen gewesen, wie ich, als sei's in einem billigen Krimi, im Dunkeln fast eine halbe Stunde lang in Richtung Bodensee hinabfuhr, beim Aussteigen den Hut ins Gesicht zog, wie ein Verbrecher um mich spähte, im Telefonhäuschen diese blind herausgefischten Liedberger Nummern zu wählen anfing und meine Stimme so tief drückte, dass es sich wie bei einem zu langsam abgespielten Tonband anhörte, nur dass die erste mit einem »So ein Idiot!« sofort auflegte und die zweite, reichlich welk klingende, mir ganz leidtat, so verstört, wie sich ihr »Wer ist da?« anhörte, weshalb ich zur Sicherheit noch eine dritte wählte, bei der sich jemand derartig entschieden mit Kerr meldete, dass ich aus Angst, er sei es selbst, wieder auflegte, obwohl ich eigens darauf geachtet hatte, dass keiner von denen darunter ist, die mich kennen könnten.

Da ich nicht mehr glauben wollte, dass die Polizei überhaupt noch kommt, und sie tatsächlich erst drei Stunden später vor dem Haus stand, wäre ich fast noch einmal zum Telefonieren gefahren, zumal es kaum auszuhalten war, ständig am Fenster hinter dem Vorhang zu stehen, eine nach der anderen zu paffen, wie nicht mehr ganz bei sich auf und ab zu gehen und niemandem erzählen, oder besser gesagt, beichten zu können, was eigentlich los ist, und all das nur, weil ich es nicht hingekriegt hatte, ihr einfach aufzuhelfen und sie ins Krankenhaus zu bringen, weshalb dieser flehende Blick und das fast tonlose Wimmern mich die ganze Nacht verfolgten. Dafür, dass Lisa glaubte, mit ihrem drohenden »Du steckst längst mit drin!« jedes Zuhilfekommen verhindern zu können, hätte ich ihr auf der Stelle eine herunterhauen sollen, nur dass ich beim besten Willen nicht verstehe, warum sie mich dann überhaupt dazuholte, nachdem ihr ja offensichtlich sowieso klar war, was auf keinen Fall passieren dürfte, mich aber, warum auch immer, trotzdem in die Sache meinte hineinziehen zu müssen. Für dieses »Du steckst längst mit drin!« müsste man sie derart fertigmachen, dass ihr Hören und Sehen vergeht mit ihren Strapsen und Strümpfen und Stiefeln und dem ganzen Drum und Dran, was bei ihr im Schrank herumliegt, womit sie endlich kriegen könnte, was sie immer wollte, und zwar so hart, dass es selbst ihr keinen Spaß mehr macht, obwohl es für sie ja erst richtig losgeht, wenn es wehtut, was Johannes jetzt mit ihr ausleben kann, nur dass ich wirklich nicht weiß, wie man unter solchen Umständen überhaupt noch Lust aufeinander haben will, sozusagen mit Blut an den Händen, was allerdings nicht meine Sorge sein muss. Dass ich noch vor vier Tagen bei ihm draußen saß und er wahrscheinlich gedacht hatte: Der weiß nichts, der ahnt nichts, mit dem kann man alles machen!, ist widerlich, nur fragt man sich: Warum dieses Hintenherum?, wo es doch zwischen Lisa und mir eh bloß eine Frage der Zeit gewesen wäre, bis wir uns endgültig getrennt hätten. Wäre sein Verhältnis mit ihr jedoch bekannt geworden, hätte die Kirche seine kleine Rente streichen können, was jetzt eh der Fall sein wird. »Die Propheten sind schlafen gegangen«, verkündete er einmal, als er noch Pfarrer war, nur dass so gut wie keiner verstand, was damit gemeint war, der Dekan jedoch überall herumerzählte, es hätte ein Pater Leppich aus ihm werden können, wäre den Leuten nur klarer geworden, worum es in seinen Predigten eigentlich ging.

Dass in der Ecke des oberen Spindfachs ein abgesplitterter Zahn liegt, spricht nicht für das Aufsichts- und Putzpersonal, schließlich findet sich, wo ein ganzer halber Zahn übersehen wird, auch für Zahnstocher, Nagelfeilen und andere Gerätschaften ein Versteck, nur dass man sich hier aus solchen Kleinigkeiten wahrscheinlich schon deshalb nicht viel macht, weil Leute wie ich bloß ein paar Stunden hier drinnen sind, auch wenn die Namen auf dem Schrank keineswegs den Eindruck machen, als habe es sich bloß um Durchziehende gehandelt. So wie sie stöhnt und singt, scheine ich die Tür beim Auf- und Zumachen halb zu quälen, halb zu beglücken, als freue sie sich, dass wieder einmal einer mit ihr spielt. Warum eigentlich hat Walter zu mir gesagt: Die Zellen dürfen nicht überbelegt werden? Und warum hat er mit Fachausdrücken um sich geschmissen, die mich eh nichts angehen: Schubabteilung, Tilgungsfrist, Vollstreckungsplan und sonstiger Kram?

Im Grunde wäre es gar nicht das Schlimmste, eine Zeit lang hier drinnen zu verbringen, schließlich gibt es für mich von jetzt an dort oben noch weniger zu tun als bisher, weshalb es egal ist, wo man die Tage absitzt, zumal die beiden so etwas wie letzte Stützen waren, trotz allem, was sich offensichtlich hinter meinem Rücken abzuspielen begann, nur dass ein solches Leben vermutlich eh einmal zu einem Ausbruch führen musste, einem Ausbruch, den jetzt alle mit der damaligen Geschichte erklären werden, ohne zu bedenken, dass sieben solche Jahre schon von sich aus etwas zum Platzen bringen müssen, ob man will oder nicht. Klar wird das einem erst im Nachhinein, dann, wenn es zu spät ist, wobei es nicht einmal eine entscheidende Rolle spielt, was dabei genau zur Explosion führt, zumal es bloß eines beliebigen Anlasses bedarf, damit das Angestaute durchbrechen kann, etwas Angestautes, von dem man gar nicht wusste, dass es angestaut ist, was die Dinge nur umso rätselhafter macht, obwohl sie im Grunde überhaupt nicht abwegig sind. Trotzdem will mir beim besten Willen nicht klar werden, welche Rolle Lisa dabei eigentlich spielte, zumal sie nicht den geringsten Grund hatte, dieser Frau etwas anzutun, einer Frau, die laut Walters Version nach einem kurzen Zwischenstopp an den Bodensee weiterfahren wollte, allerdings wissen musste, dass der Pfarrer kein Pfarrer mehr ist und inzwischen draußen im Bahnwärterhäuschen lebt, weshalb sie ja auch nicht etwa dort hinausgefahren ist, sondern im *Löwen* vorbeischaute und sich wahrscheinlich dachte, dass da an einem Samstagmittag noch so gut wie keiner drinsitzt, die Wirtin aber vielleicht einen Kaffee mit ihr trinkt und erzählt, was so alles passiert ist.

Jetzt, wo die beiden auch mein Leben zerstört haben, kann ich ruhig eine Weile im Knast bleiben, vorausgesetzt man muss sich nicht die Zelle mit einem Woytek, Hani und Mohamed teilen und fände vielleicht sogar jemanden, mit dem man einigermaßen reden kann, auch wenn es beengt ist, was sich jedoch eine Zeit lang ertragen ließe, zumal man ja immerhin versorgt wäre und sich nicht mehr jeden Abend fragen müsste, was mit dem nächsten Tag geschehen soll, nachdem es solche Tage eh nie mehr geben wird, an denen ich von meinen Ausflügen aus der Stadt zurückkam und unser Festessen dabeihatte, zwei Paar Blutwürste für jeden, die Johannes der Länge nach aufritzte und in Butter anröstete, dazu drei Flaschen Lemberger, damit er bei jedem Schluck schmatzen und sagen konnte: »Das sind gekochte Pflaumen«, wobei sich diese Pflaumen, je länger der Abend dauerte, auch in Holunder und Brombeeren verwandeln oder sogar Lebkuchen zum Vorschein bringen konnten, wovon ich zwar nie allzu viel merkte, ihm aber immer mit Kennermiene zunickte, da ja die Blutwurst, sofern sie von einem guten Metzger kam, auch ein bisschen nach Zimt und Nelken schmeckte, was allerdings nie der Fall war, wenn Johannes sie von seinen seltenen Wanderungen nach Liedberg hinüber mitbrachte.

Wenn es heißt, dass Räume das Leben derer atmen, die einmal in ihnen gewohnt haben, kann das auf solche Zellen kaum zutreffen, zumal außer solchen Kritzeleien, wie sie auf jedem Bahnhofsklo zu finden sind, hier bloß kalter Rauch seine Spuren hinterlässt, ein Rauch, der auch durch Lüften nicht mehr zu vertreiben und nur erträglich ist, wenn man ihn ständig auffrischt. Vielleicht fühlt man sich in einer solchen Zelle nach hundert oder gar tausend Tagen noch genauso fremd wie in den ersten Stunden, obwohl es ja auch solche geben soll, die nach einem halben Leben hier drinnen sich draußen nicht mehr zurechtfinden und sofort wieder etwas anstellen, damit sie zurückkehren können, sofern sie sich nicht gleich umbringen. Immerhin meine ich schon jetzt zu erahnen, dass man sich hier schneller, als man denkt, sogar ein bisschen heimisch fühlen kann, zumal ein eherner Tagesablauf, ein geregeltes Aufstehen, Essen und Zubettgehen für ein Leben sorgt, wie es mir längst abhandengekommen ist, ein Leben, in dem nicht bei jeder Kleinigkeit diese bodenlosen Fragen nach dem Warum und Wozu dazwischenfunken, zumal man bei all dem, was zu tun und zu lassen ist, überhaupt nicht um seine Meinung gebeten wird.

Elf oder zwölf müssten die Kinder dieser Frau inzwischen sein, Kinder, die mich vermutlich nur anstarren und sich fragen würden, wie man bloß mit solchen Leuten zusammen sein kann, nur dass aus ihren Augen vielleicht noch nicht einmal Wut oder Hass sprächen, sondern das reine Unvermögen, zu begreifen, wie so etwas möglich ist. *Der Herr sei mein Hirte*, solche Bibelworte kommen einem in den Sinn, wenn es nichts mehr zu retten gibt, nur dass man das eigentlich diesen Kindern wünschen müsste, dieser Wunsch vermutlich aber nur mir selbst ein gutes Gefühl geben soll, als sei ich doch nicht so schlecht, wie man jetzt meinen könnte. Andererseits müsste man diesen Kindern, wenn sie einmal älter sind, auch klipp und klar sagen, was in diesem Fall Ursache ist und was Wirkung, sofern sie sich das nicht längst selber denken können, schließlich sind sie in diese Geschichte mehr als nur verstrickt, nur dass sie jetzt schon zum zweiten Mal Opfer geworden sind, man aber von Schuld kaum noch sprechen kann, weder auf der einen noch auf der anderen Seite, zumal sich beides schlecht vergleichen lässt, wir aber gar nicht anders können, als selbst dann noch zu vergleichen, wenn sich Dinge gar nicht miteinander vergleichen lassen, ob wir wollen oder nicht.

Dass mir der Gedanke kommt, diesen Kindern Geschenke zu machen, zeigt, welche Absurditäten einem im Kopf herumgehen können, zumal es wie reiner Hohn wirken müsste und Geschenke ja gerade am Anfang dieser ganzen Geschichte standen, Geschenke, die der Pfarrer diesen Kindern gemacht haben soll, Schokolade, Bilderbücher, Halskettchen, was ihm gleichsam das Genick brechen sollte, auch wenn der Prozess gut für ihn ausging, nur dass damit alles begann und diese Geschenke ihn fast ins Gefängnis brachten, diese Puppen und Plüschtiere, mit denen er angeblich seine Spielchen einleitete, was man sich bei ihm schwer vorstellen kann, so wenig kindlich, wie er ist, sieht man einmal von seinen Wortspinnereien ab, mit denen es ihm jedoch durchaus ernst ist, nur dass er damals überhaupt nichts mehr sagen wollte, zumindest nicht zu diesen Vorwürfen, während die alte Anna meinte, ihn aufs dümmste verteidigen zu müssen, indem sie ihn ausgerechnet für das, was man ihm anhängen wollte, glaubte in Schutz nehmen zu müssen, was ihr selber wahrscheinlich nicht einmal klar war, schließlich hätte sie sonst nicht behauptet, die Eltern seien selber schuld, wenn ihre Kinder mit Miniröcken auf der Straße herumlaufen, als möchten ihre Mütter schon in jungen Jahren Huren aus ihnen machen, worauf es hieß, man müsse sie auf der Stelle entlassen, als könne man eine siebzigjährige Haushälterin, die eh keiner mehr für voll nimmt, für ihr bigottes Geschwätz auch noch bestrafen, nur dass manch einer ihr sogar insgeheim recht gab, es aber keiner laut zugeben wollte, doch froh war, dass wenigstens die alte Anna kein Blatt vor den Mund nahm.

Wie immer man es auch drehen und wenden mag, im Grunde hätte diese Mutter es gar nicht so weit kommen lassen dürfen, dass eine Gestrandete, die ihr Arbeitslosengeld mit ein bisschen Kindergartenaushilfe aufbessert, einen derartigen Aufstand macht, obwohl sie eigentlich gar nicht dazugehörte und anscheinend immer dann, wenn sie Dienst hatte, Dinge geschahen, die sonst keiner bemerken wollte, nur dass sie diese Kinder immerhin dazu brachte, das, was sie ihnen einflüsterte, brav nachzuplappern, womit die Kleinen vermutlich nur Ruhe vor ihr haben wollten, man allerdings auch nicht wissen konnte, ob tatsächlich nichts vorgefallen ist, zumal man ja schon über ein Streicheln streiten kann, ich aber nicht glauben mag, dass Johannes keinerlei Grenzen kannte, auch wenn man, wie sich jetzt zeigte, nie weiß, welche Abgründe sich in jemandem auftun können, Abgründe, die in ihrem ganzen Ausmaß gewiss erst beim Jüngsten Gericht sichtbar werden, vorausgesetzt dass es das Jüngste Gericht überhaupt gibt, es jedoch schon als bloße Idee etwas Abschreckendes besitzt, eine Idee, die uns allerdings auch nicht daran zu hindern vermag, Dinge zu tun, die man sich zwei Tage zuvor noch nicht in den schlimmsten Träumen hätte ausmalen können, was nur heißen kann, dass wir uns niemals wirklich im Griff haben, was ein gütiger Gott freilich berücksichtigen müsste, obwohl es natürlich Frevel ist, solche Gedanken überhaupt zu denken, zumal man sich, wie Johannes meinte, Gott nicht zurechtschneidern kann, wie es einem gerade passt, es aber dennoch denkbar ist, dass dieser Gott gerade deshalb, weil er immer schon mehr sieht als wir, vielleicht nicht nur Nachsicht walten lässt, sondern uns sogar in Schutz nehmen wird, sofern wir nicht von vornherein auf seine Güte setzen und es viel eher für möglich halten, dass die Strafe furchtbar sein wird.

Dass die Klospülung nicht funktioniert, kann kein Mensch ahnen, schließlich probiert man nicht vorher aus, ob alles in Ordnung ist. Es ist peinlich, mehr als nur peinlich, so peinlich, dass ich schon deshalb sofort von hier verschwinden muss. Es stinkt und stinkt immer mehr und wird derart weiter stinken, dass man es kaum aushalten kann und schon zweimal nicht daran denken mag, wie man bei einem solchen Gestank schlafen soll, falls hier drinnen an Schlaf überhaupt zu denken ist. Um Hilfe rufen mag ich aber auch nicht, obwohl es derart widerlich ist, dass einem nichts anderes übrig bleibt und kein anderer Ausweg offensteht, wobei ich froh sein kann, dass nicht noch Woytek, Hani und Mohamed mit mir in dieser Zelle sitzen. Ein Wunder, dass ich mich in meiner Lage überhaupt entleeren musste, wo ich früher in einer fremden Umgebung doch eine ganze Woche lang Verstopfung haben konnte, was aber auch schon eine Weile her ist, zumal die Reisen mit Lisa immer öfter wie letztes Jahr in Paris endeten, weshalb wir lieber gleich daheim blieben und ich es inzwischen bei meinen gelegentlichen Fahrten in die Stadt hinab belasse.

Stünden hier wenigstens ein Kübel oder eine Schüssel herum, könnte man vom Wasserhahn ein paar Ladungen nachschütten, doch es gibt nur eine Plastiktasse und einen Zahnbecher, was man genauso vergessen kann wie das Herumrühren mit der Klobürste, womit das Ganze bloß noch ekelhafter aussähe, aber nicht das Geringste abfließen würde. Immerhin kann man das Fenster kippen, was allerdings nicht viel nützt, da das Klo nicht einmal einen Deckel besitzt und ich deshalb jemanden rufen muss, wofür es den roten Knopf neben der Tür gibt, außer es fällt mir noch etwas Besseres ein, oder die Spülung geht auf einmal wieder von allein. Als hätten sie das eigens gemacht, um mich in eine noch schlimmere Lage zu bringen, sehe ich bereits den Wärter vor mir, wie er angewidert in die gefüllte Schüssel hinabguckt und anschließend mich anschaut, als habe das eine mit dem andern zu tun und sei ein Ausdruck meiner ganzen Person. Es nützt alles nichts, so oft ich es auch probieren mag, der Spülhahn sitzt derart fest, dass selbst ein Brecheisen nichts nützte.

Dabei muss gestern oder vorgestern oder wenigstens vor einer Woche doch auch einer in diesem Loch gesessen sein, nur dass es jetzt ausgerechnet mich trifft, als sei alles andere nicht schon Strafe genug, und all das nur, weil dieser Maler mich gesehen haben will, ein Maler, der überhaupt nicht malen kann, sich aber wichtigmacht, weil er mich im Dorf über die Straße gehen gesehen hat, als sei es etwas Besonderes, wenn man dort, wo man wohnt, die Straße überquert, und als sei das der Dank dafür, dass ich ihm damals auf die Schulter geklopft und ihn beruhigt habe: »Mach dir nichts aus diesem Idioten!«, wofür er mir jetzt in den Rücken fällt, für nichts und wieder nichts, weshalb es letztlich dieser Maler zu verantworten hat, dass ich jetzt auf diesen Knopf drücken und den Wärter vor die Kloschüssel führen und dumm danebenstehen muss, wenn er mich anschauen und stöhnen und den Kopf schütteln und mit den Schultern zucken wird, als sei ihm so etwas auch noch nie untergekommen und als sei ich daran schuld.

Die Ulme war's, die hehre, woran mein Sinnen hing – – – weiter weiß ich einfach nicht, habe es vermutlich nie gewusst, auch damals nicht, als wir es auswendig lernen mussten, für die Stunde am nächsten Morgen oder den Ausflug zu diesen Klosterruinen ohne Dächer, mit Gemäuern, aus denen Bäume wachsen, in einer Ecke, wo das Schwarzwalddunkel für Atemnot sorgen kann, ganz anders als bei uns oben, wo alles offener ist, zumindest beim Blick von der Brücke aus, wovon wir drunten allerdings wenig haben.

Im Grunde habe man nicht Angst vor dem Tod, sondern vor dem Totsein, meinte Johannes einmal an einem dieser Abende, als wir draußen saßen und auf die Wiesen und Wälder hinausstarrten. Im Grunde, so behauptete er damals ohne jeden ersichtlichen Zusammenhang, sei das Fürchterliche nicht der Herzinfarkt oder der Gehirnschlag, sondern die Vorstellung, dass die Welt auf einmal weg ist und trotzdem weiterläuft, wie wenn nichts gewesen wäre, weshalb nicht der Gedanke ans Sterben, sondern die Vorstellung, dass man sich einmal von nichts mehr eine Vorstellung machen kann, zum Verrückwerden sei. Wie man diese zwei Dinge auseinanderhalten will, das Verschwinden und das Verschwundensein, ist mir zwar bis heute ein Rätsel, doch stutzig machte mich damals, dass er vom Nichts und nicht vom Jenseits sprach, als sei klar, dass danach eh nichts mehr kommt. Warum man ihm die Frage, ob er noch an Gott glaubt oder nicht, partout nicht stellen durfte, weiß ich allerdings auch nicht und kann nur vermuten, dass sie ihm zu naiv oder erpresserisch klang, als stehe man dabei plötzlich unter Bekenntnis- oder Beweiszwang, ganz zu schweigen davon, dass er vielleicht meinte, ich stelle mir Gott immer noch als bärtigen Opa vor, der manchmal fürchterlich böse werden kann, einem gelegentlich aber auch über den Kopf streichelt, wobei ich allerdings beim besten Willen nicht weiß, wie man Gott sich eigentlich noch vorstellen soll, wenn man sich kein Bild von ihm machen darf, worüber ich mit Johannes zwar ein paarmal zu reden versuchte, er jedoch immer gleich in seine Worterklärungen auswich, nur dass es mir überhaupt nicht darauf ankam, zu erfahren, was Himmel und Hölle im Hebräischen heißt und wie es sich im Griechischen in etwas ganz anderes verwandelt und wie aus Gott zuweilen ein Teufel und aus dem Teufel zuweilen ein Gott wird, was sicherlich alles sehr interessant ist, ich jedoch schlichtweg wissen wollte, wie er selbst es eigentlich noch mit dem Glauben hält, ohne jedes Wenn und Aber, einfach geradeheraus und ohne alle Ausflüchte, er aber richtiggehend bockig werden konnte, wenn ich in dieser Richtung nachzuhaken wagte, obwohl er doch genau wusste, dass ich mich nicht gerade zu den Gläubigen zähle und das Ganze vor ein paar Jahren noch für reines Opium hielt, nur dass ich mir heute nicht mehr so sicher bin, ob das, was wir damals alles nachgebetet haben, nicht eine viel schlimmere Droge war.

Wie er da immer in seinen Bibeln blätterte, hatte ich den Eindruck, es könnten auch ganz andere Bücher sein, solche von Dante oder Mark Twain, zumal es ihm eh bloß darauf ankam, nachzuweisen, dass bei genauerem Hinschauen alle Wörter zu flirren beginnen und am Ende kein einziges mehr das bedeutet, als was man es zu kennen meinte. So stumm er zuweilen herumhocken konnte, so uferlos weiteten sich seine Gedankenausflüge gelegentlich zu wahren Vorlesungen aus, nur dass es Vorlesungen waren, bei denen ich nie so recht wusste, worin eigentlich das Problem besteht, als handle es sich immerzu um ein Chaos voll klarer Gedanken, die nie ein Ganzes ergeben wollten. Das Quietschen seines Schaukelstuhls, in dem er beim Hin- und Herwippen zuweilen ins Dozieren geriet, muss ihm inzwischen wie Friedensmusik vorkommen und sein Bahnwärterhäuschen wie das Paradies, ein Paradies, in das es jetzt kein Zurück mehr gibt, woran im Grunde niemand anderes als Lisa schuld ist, zumal all das nicht passiert wäre, wenn es zwischen den beiden nichts gäbe, weshalb man sich durchaus ausmalen kann, wie er sie inzwischen zum Teufel wünscht, wenn auch nur insgeheim, obwohl sie ihm sicherlich einen Gefallen tun wollte, nur dass ich nicht begreifen kann, warum er ausgerechnet mit ihr ein Verhältnis anfing, ausgerechnet Johannes, dieser entlaufene Pfarrer, der auf mich keine einzige Sekunde den Eindruck machte, dass ihn der Trieb umtreibt und er auf der Suche ist, was aber auch heißen kann, dass alles mit einem Schlag kam und es ihm nach so langer Abstinenz reichlich egal war, wer ihm da über den Weg läuft, was allerdings noch lange nicht rechtfertigt, dass man sich gleich an der Frau seines einzigen Freundes vergreift, um ihr vermutlich auch noch brühwarm zu erzählen, was mir in der Wut gegen sie so alles herausgerutscht ist.

Doch mit wem sollte ich denn über diese Dinge reden, zumal Walter, wenn es um Frauen geht, nur dämliche Sprüche auf Lager hat, man aber auch nicht alles in sich hineinfressen kann, zumindest nicht über Jahre hinweg, weshalb es gefälligst möglich sein muss, sich ab und zu auch auszukotzen, nur dass Johannes diese Geschichten eh nicht sonderlich zu interessieren schienen und er selbst da noch mit seinen Worterklärereien kam, wo es mir einfach nur darum ging, ein paar Dinge loszuwerden, nur dass er dann meinte, Vorträge darüber halten zu müssen, wie die Worte Sex und Sekte miteinander zusammenhängen und die beiden nichts anderes als zerschneiden, zerstückeln, zerfleischen bedeuten, als bringe das einen auch nur im Geringsten weiter, vor allem, wenn man sich seit Jahren mit der Frage herumquält, ob man diese Frau endgültig verlassen soll oder sonst jämmerlich alleine dasteht, was ich Lisa gegenüber natürlich niemals laut denken durfte, es aber die Wahrheit ist, zumal es ja um nichts anderes als das eigene Leben geht, und etwas anderes gibt es bekanntlich nicht, was einem spätestens klar wird, wenn man in so einer Zelle sitzt, wie es Johannes mit Sicherheit auch bald blühen wird und wo ihm dann seine Klugheiten auch nichts mehr nützen, Klugheiten, die man sich nur leisten kann, solange das Leben belanglos vor sich hindümpelt und Wörterbücher die Wirklichkeit ersetzen. Ob am Anfang der Bibel von einem Orkan oder vom Odem, von einem Sturm oder Hauch, einem Taifun oder Lüftchen die Rede ist, interessiert ihn seit vorgestern gewiss nicht mehr allzu sehr, wobei mir eh nie einleuchten wollte, dass alles nur eine Frage der Sprache sein soll, ob man an Gott glaubt oder nicht oder die Erde für einen Teller hält oder für eine Kugel, worüber sich am Rand eines verlorenen Dorfes, unter der Rosenpergola eines morschen Bahnwärterhäuschens, abgetaucht in Buchstabenwelten und umgeben von Folianten, leicht spekulieren lässt, zumal auch noch zweimal in der Woche einer wie ich vorbeikommt und Milch und Brot, Butter und Klopapier, Zahnpasta und Fischdosen mitbringt, was im Knast ein bisschen anders aussieht, wo er dann bloß noch beten kann, dass ihm eines Tages vergeben wird, auch wenn er nicht mehr an Gott glaubt, doch ein wenig Frieden in seiner Seele finden will, was immer das heißen mag.

Sähe meine Mutter mich hier jetzt sitzen, müsste sie heulen, obwohl sie gleichzeitig stolz darauf sein könnte, mit ihrer Prognose, es werde noch einmal schlimm mit mir enden, richtig gelegen zu haben. »Wenn ich eines Tages nicht mehr bin, landest du in der Gosse!«, war ihr Lieblingssatz, und das Schlimme ist, dass ich im Grunde sogar an ihn glaube, nur dass das, was jetzt passiert ist, schon darum nichts mit mir zu tun hat, weil ich diese Frau so gut wie nicht kannte, außer dass sie manchmal bei mir tankte, mit ihrem roten Cabrio, in dem kaum Platz für ihre Kinder war, zumal auch der Hund immer noch mitfuhr, nur dass es eben ein Sportwagen sein musste, was ja zu ihrer Erscheinung passte, einer Erscheinung, die allein deshalb nie richtig dazugehörte, weil ihr Hochdeutsch derart pressant klang, dass man sich dabei wie ein träger Trampel vorkam, wobei sie wahrscheinlich nicht wusste, dass auch ich nicht dazugehöre, obwohl man mir das längst nicht mehr ansieht, ich in Wirklichkeit jedoch einer von denen bin, die man lange Zeit so schnell wie möglich wieder loswerden wollte, nur dass ich dann irgendwann mit denen am Stammtisch hockte, die uns anfangs die Scheiben einschlugen, was diese Zugezogene jedoch nicht mehr miterlebt hatte, zumal sie auch keinen Kontakt suchte, außer zu dieser Gestrandeten aus dem Nachbardorf, die selbst nach dem Freispruch noch keine Ruhe geben wollte und unsere Gerichte allesamt der Geschlechterjustiz anklagte, weshalb der Dekan sie im *Donauboten* sogar der Todsünde bezichtigte, und zwar mit der Begründung, dass das unbarmherzigste Vergehen gegen Gott und dem Nächsten nicht in Mord und Hurerei, sondern in jener Verstocktheit des Herzens bestehe, die sich jeder besseren Einsicht und damit auch jeder Art von Reue starr widersetze, was natürlich zu schlimmsten Entrüstungen führen musste, die er schließlich mit einem Artikel im *Schwarzwaldkurier* erwiderte, in dem er einen Psychologen mit der Bemerkung zitierte, dass immer mehr Frauen mit der fixen Diagnose zu ihm kämen, als Kind missbraucht worden zu sein, und sei es in einem Alter, an das sich normalerweise kein Mensch erinnern könne, woraus man schließen müsse, dass es inzwischen zum guten Ton gehöre, sich zum Opfer zu stilisieren, wodurch sich die Empörung natürlich in schieres Entsetzen verwandelte, zumal er, wie um das Maß vollzumachen, auch noch hinzugefügt hatte, dass diejenigen, die am lautesten schrien, lieber in sich selbst hineinschauen sollten, um in ihrem zur Schau gestellten Abscheu zuerst einmal ihre eigene klammheimliche Lust am Verabscheuten zu entdecken, worauf unser Massenblatt mit den vielen Tittenbildern seine schwitzende Visage auf die vorderste Seite setzte und ihm mit einer Sprechblase den Satz in den Mund legte: *Die Anständigen sind die Schweine!*, sodass selbst der Bischof sich gezwungen sah, den Dekan zur Mäßigung zu ermahnen, nur dass ihn das erst richtig in Fahrt zu bringen schien und er sich im Gefecht einer Fernsehdiskussion zu der Bemerkung hinreißen ließ, es mache sich zunehmend eine Kultur allseitiger Verdächtigung breit, was sich vor allem darin zeige, dass zwischen Nachstellung und Nächstenliebe, Beistand und Begierde, Schamlosigkeit und Seelsorge, sittlicher und schändlicher, keuscher und krankhafter Zuneigung kaum noch ein Unterschied gemacht werde, womit dann die allgemeine Entrüstung ihren absoluten Höhepunkt erreichte, was schließlich dazu führte, dass der Bischof ihn absetzte.

All das wollte unseren Pfarrer allerdings längst nicht mehr interessieren, als habe er schon vor Beginn des Prozesses beschlossen, ein anderes Leben anzufangen, ein Leben am Rand der Welt, zwischen Wäldern und Wiesen, wie ein Einsiedler, nur ohne Gelübde. Dass er sich dort draußen ins gemachte Nest setzen konnte, hatte er niemand anderem als mir zu verdanken, weshalb es schon zweimal eine Unverschämtheit ist, dass er mich dermaßen hintergeht, wobei ich nicht weiß, welche Rolle Lisa dabei spielt, die das vielleicht nur aus einer Art Rachsucht heraus macht, einer Rachsucht, die sich an etwas rächen will, bei dem es gar keinen Schuldigen gibt, nur weil auch sie nicht mehr rechtzeitig den Absprung geschafft hat, so wie wir alle, was aber nicht die Schuld der anderen ist, schließlich hätte sie ja jederzeit gehen und sich einen anderen suchen können, weshalb man sich fragen muss, ob sie nicht sogar einen wie mich gebraucht hat, und sei es, um sich immerzu sagen zu können, dass alles besser wäre, wenn es mich nicht gäbe, womit man ein ganzes Leben zubringen kann, vor allem wenn es mit jedem Tag aussichtsloser wird, dass noch ein Märchenprinz anklopft.

Hätte Mutter noch erlebt, dass ich einmal eine Tankstelle besitze, wäre sie bei allem Stolz wahrscheinlich auch ein bisschen enttäuscht gewesen, zumindest insgeheim, schließlich hätte das für sie ja auch heißen müssen, dass es ein Leben ohne sie gibt und ich trotzdem nicht in der Gosse lande. Jetzt, wo sie mich vielleicht vom Himmel aus im Gefängnis sitzen sieht, dürften sich in ihre Tränen auch Glücksgefühle mischen, und zwar so ungebremste, dass ich mir sagen darf: Du hast alles richtig gemacht!, so richtig, dass du dir nicht das Geringste vorzuwerfen brauchst, als hätte alles genau so kommen müssen, wie es jetzt gekommen ist.

Trotzdem könnte ich der Retter dieser Frau gewesen sein, ein Retter, den sie vielleicht sogar zu lieben angefangen hätte, sodass für mich diese Rettung der Anfang vom

Ende in diesem Kaff geworden wäre, zumal ich mich zu erinnern meine, wie sie einst nach dem Zahlen, bevor sie wieder ins Auto stieg, meist noch einmal kurz zurückschaute, ihre Locken hinter sich warf und auf eine Weise lächelte, bei der man sich fragte, ob sie das wohl bei allen macht. Im Grunde war es der gleiche Blick wie im Keller, nur ohne diese verstummte Verzweiflung, woran ich, soll es mir nicht noch einmal den Magen umdrehen, am besten überhaupt nicht mehr denke. *Im stillen Tal der helle Bach* wird Johannes vermutlich ein paar Stunden, bevor es so weit war, noch gehört haben, als könne auch eine solche Musik so etwas nicht verhindern.

Ob der Lügendetektor heute noch erlaubt ist, weiß ich nicht, doch als Drohung winkt er nach wie vor im Hintergrund, nur dass es makaber wäre, so etwas tatsächlich einzusetzen, zumal einem ja bereits das Blut in den Kopf steigt, sobald man daran denkt, schließlich wird selbst beim Arzt der Puls merklich schneller, wenn es heißt: Machen Sie sich bitte frei!, ohne dass man dabei etwas zu verbergen hätte und lediglich ein paar Kippen und Schnäpse verschweigt. Andererseits lügt man ja nicht, solange nichts erfunden wird, was ich mir schon deshalb immer wieder sagen muss, damit mir nicht beim Verhör von vornherein ein schlechtes Gewissen ins Gesicht geschrieben steht. Vielleicht hat Walter mir bloß deshalb von einem Anwalt abgeraten, weil er fürchtet, ich könnte ihm Geschichten erzählen, in denen auch er vorkommt, selbst wenn das eine mit dem anderen kein bisschen zusammenhängt, was spätestens dann jedoch keine Rolle mehr spielt, wenn Lisa gefasst wird und mit allem auspackt, zumal sie bei ihr im Keller diese verrosteten Russengewehre vielleicht bereits gefunden haben, Sowjetschrott, der von diesen Idioten von Polen nie wieder abgeholt worden ist, nur dass Lisa bis heute nicht das Geringste davon weiß und ich eh dagegen war, diese Dinger bei uns zwischenzulagern, was solchen Typen, denen man nachts nicht auf der Straße begegnen möchte, freilich nicht beizubringen ist, zumal ein Anruf von denen genügt, und ich bin aufgeflogen, während sie selbst längst über alle Berge sind, weshalb ich mich nie hätte darauf einlassen dürfen, auf ein paar Nebenverdienste jedoch angewiesen bin, allerdings nicht ahnen konnte, dass das bisschen Autozerlegen solche Geschichten mit sich bringt, was freilich mit dem, worum es hier geht, nicht das Geringste zu tun hat, da bei meinem Verhör, wie ich mir immer wieder sagen muss, einzig und allein die Frage eine Rolle spielen wird, warum ich vorgestern über die Straße gelaufen bin.

Eigentlich kommt es nur darauf an, ob man einschlafen kann. Solange man einschläft und mit dem Gefühl aufwacht, dass man gut geschlafen hat, lässt sich fast alles ertragen. Beim Einschlafen sich eine Frau vorstellen und müde dabei werden, rettet noch im Nachhinein den Tag, selbst im Gefängnis, vorausgesetzt es ist nicht noch ein Hani da oder ein Woytek und Mohamed, obwohl es andererseits auch einfacher ist, nicht allein zu sein, nur dass man sich diese Leute nicht aussuchen kann. Selbstmordgefährdete stecke man grundsätzlich mit anderen zusammen, hat Walter gesagt, weshalb ich dem Wärter das Gefühl geben müsste, Schluss machen zu wollen, um mit anderen zusammengelegt zu werden, was am Ende noch bedeuten könnte, dass ich mit dem Pfarrer in eine gemeinsame Zelle gesteckt werde, was andererseits ausgeschlossen ist, nicht nur aus juristischen Gründen, sondern weil es für uns sonst keine Strafe wäre, zumal ich vor ihm, ganz anders als vor allen anderen, keine Angst haben müsste.

Schiffbrüchige sollen einst Abschiedsbriefe in Flaschen gesteckt und ins Meer geworfen haben, wo sie entweder untergingen oder an Land gespült wurden. Landete an der Küste von Haiti allerdings ein Brief, der von einem Portugiesen stammte, konnte ihn dort keiner entziffern. Gleichzeitig wurde so manch ein Schiffbrüchiger wohl an einem ihm unliebsamen Ufer gerettet, während seine Flasche längst untergegangen war. Manch anderer Matrose wiederum soll, wenn er von weitem Land sah, allein deshalb über Bord gesprungen sein, um sich vor den Zuständen auf seinem Schiff zu retten, nach dem Motto: Lieber tot als auf Gedeih und Verderb mit Leuten zusammengepfercht, die einem das Leben zur Hölle machen.

Beim Einschlafen an Frauen denken und zwischendurch beten. Wer betet, mag sich selbst wieder lieber, hat Johannes, als er noch Pfarrer war, immer wieder betont, was vermutlich sogar zutreffen müsste, falls es keinen Gott gibt, da sich derjenige, der betet, ja gleich ein bisschen wie ein besserer Mensch fühlt, nur dass es wahrscheinlich kein gutes Beten ist, wenn man sich dabei von vornherein als besserer Mensch fühlen will. Wer betet, so könnte man auch sagen, hält sich am Beten fest, was vielleicht eine Art Flucht ist, nur fragt sich wovor. Über all das könnte ich jetzt mit ihm reden, wenn wir in derselben Zelle säßen, nur dass ich nicht weiß, ob ich überhaupt noch einmal mit ihm reden möchte.

Ich: »Wie stellst du dir die Ewigkeit vor?«
Er: »Gar nicht.«
Ich: »Gar nicht?«
Er: »Man kann sich etwas, das man sich nicht vorstellen kann, nicht vorstellen.«

So gingen unsere Gespräche. Drei Sätze hin, drei Sätze her. Dann wieder Stille. Nur dass ich meist gerne weitergeredet hätte, doch das Gefühl hatte, für ihn sei das Thema bereits erschöpft, obwohl er ja gleichsam von Berufs wegen für nichts anderes als Ewigkeitsfragen zuständig war. Dabei wollte ich von ihm überhaupt keine Antworten, sondern bloß ein bisschen über diese Dinge reden, schließlich hatten wir ja sonst nichts zu tun. Dass man sich von der Ewigkeit kein Bild machen kann, war mir natürlich auch klar, weshalb er nicht gleich hätte pampig werden müssen. Allerdings erzählte er manchmal solche Geschichten wie die von einem Kirchenvater, der sich selbst kastriert hatte und der Meinung war, die Hölle befinde sich nicht im Jenseits, sondern hier auf Erden in unseren Eingeweiden, in unserer Galle, unseren Gedärmen, unserem Gemächte, wo ein Feuer brenne, mit dem wir uns selbst anzündeten. Ich wiederum bekannte ihm einmal, aus Angst, sonst nicht auferstehen zu können, auf keinen Fall eingeäschert werden zu wollen, obwohl ich an die Auferstehung gar nicht unbedingt glaube, allerdings sichergehen möchte. Und jetzt liege ich hier drinnen, mit grobem Bettbezug und einem störrigen Leintuch, auf dem sich schon Heerscharen vor mir gewälzt haben, als seien Kopfkissen und Matratzen etwas Nacktes.

Diese Bilder werden die beiden nie mehr loslassen, egal wohin sie fliehen, bis ans Ende der Welt, schließlich ist die Welt, selbst wenn sie nie geschnappt werden, für solche Fluchten viel zu klein. Was soll das denn für ein Leben sein, wenn sie von dort, wo sie gerade Essen gehen oder einen Schlafplatz suchen, gleich wieder verschwinden müssen? Als ich mit Lisa vor einem Jahr nach Paris gefahren bin, bestellten wir gleich bei der Ankunft in der Brasserie, die direkt gegenüber dem Bahnhof lag, das Tagesmenü, Salat, Steakfrites und etwas Süßes, sind danach ins Bett gegangen, gegen Mittag aufgestanden und nach dem Frühstück drei, vier Stunden lang durch die Straßen spaziert, wo wir uns gewundert haben, dass sich überhaupt kein Paris-Gefühl einstellen will, obwohl alles prächtig aussah, die Kirchen, die Paläste, die Plätze, die Brücken, und Lisa immer wieder sagte: »Mein Gott, Paris!«, wir aber eigentlich gelangweilt waren und abends wieder in die gleiche Brasserie stapften und wieder das Tagesmenü bestellten, Salat, Steakfrites und etwas Süßes, dazu vier Flaschen Roten, bei denen wir, mehr rauchend als redend, bis Mitternacht saßen, wobei Lisa an diesem Abend gut mithielt, als wollte sie sich gehen lassen, was auf dem Zimmer jedoch in einem Heulkrampf enden sollte, bei dem keiner von uns recht wusste, was wirklich der Grund war, obwohl sich Gründe genug hätten finden lassen, man hätte ja nur an unser Leben denken müssen, doch wenn die Gründe zu groß werden, sind es auch keine Gründe mehr, sondern bloß noch Stimmungen, die im Uferlosen verschwimmen, weshalb man in solchen Augenblicken besser erst gar nicht damit anfängt, in ihnen herumzustochern und dumme Fragen zu stellen. Es ist, wie es ist, kann man dann nur noch sagen, und nach vier Flaschen muss keiner sich wundern, wenn Gefühle angeschwemmt kommen, die einem nicht passen. Was, so dachte ich damals, sollte uns erst in Valparaiso erwarten, von wo die Flucht nach Dornbach zurück nicht bloß fünf Zugstunden dauern würde?

Vielleicht könnte ich ja gestehen, gelegentlich für diese Polen gearbeitet zu haben, und das Ganze in eine märchenhafte Vergangenheit rücken, womit von allem anderen abgelenkt würde und der Richter das Gefühl genießen dürfte, ziemlich viel aus mir herausgelockt zu haben, auch wenn es nicht das ist, was er erwartet hat. Vermutlich würde ich dann eine Geldstrafe wegen Schwarzarbeit bekommen und zwei Jahre auf Bewährung, schließlich habe ich nur meine Arbeit getan, so wie man das eben macht, nur ohne Quittung und Unterschrift, bekanntlich weiß ein Bankangestellter ja auch nicht, durch welche Hände die Scheine bereits gegangen sind, die ein Kunde einzahlt, zumal ihn das auch überhaupt nichts angeht. Andererseits darf man diese Leute mit ihren ausgefuchsten Verhörmethoden nicht für dumm verkaufen. Wahrscheinlich spüren sie bereits dann, wenn es mir selbst noch nicht einmal so vorkommt, dass ich am Lügen bin. Doch wo das Lügen anfängt und wo es aufhört, weiß man oft selbst nicht, zumal ja auch alles eine Frage der Wortwahl ist, wie Johannes mir immer wieder klarzumachen versuchte, nur dass es hier um keine Bibelübersetzungen, sondern ganz andere Dinge geht. Schwierig wird es nur, wenn der Richter wissen will, wovon ich eigentlich lebe, was im Grunde überhaupt kein Problem wäre, würde ich vom Ersparten öfters etwas abheben. Der mögliche Hinweis, dass man dort oben nicht viel zum Leben braucht, reicht wahrscheinlich kaum aus, um alle Bedenken mit einem Schlag zu verscheuchen.

Nirgends sei so viel von Ehre die Rede wie in Verbrecherkreisen, behauptet Walter, was natürlich auch bedeuten kann, dass meine Polen sich vielleicht bereits verraten fühlen, bevor ich noch etwas gesagt habe, sodass es am Ende tatsächlich besser wäre, einige Zeit im Knast zu bleiben. Doch was sollte ich ohne alle Adressen und einzig mit drei, vier Namen, die man auch durch Woytek, Hani und Mohamed ersetzen könnte, überhaupt verraten, nachdem dabei stets nur ein paar Scheine durch die Hände gingen? Sollte der Polizei ausgerechnet die Kiste mit den Gewehren entgehen, wäre das allerdings ein Wunder, zumal sie in diesem Keller so gut wie jeden Millimeter durchsuchen werden. Doch wer hätte sich je ausmalen können, dass dort unten einmal so etwas passiert? Schlimmstenfalls bricht einmal ein Feuer aus, dachte ich damals beim Verstecken und Zumauern, was freilich ein absonderlicher Zufall sein müsste, nur dass die Polizei, vorausgesetzt, sie hat diese Dinger bereits gefunden, wahrscheinlich längst rätselt, ob das eine mit anderen zusammenhängen könnte, und das Opfer vielleicht sogar für eine Beteiligte hält, was man bei solchen Überlegungen ja nie ausschließen darf.

Woher Walter wusste, dass diese Frau auf dem Weg zum Bodensee zu Verwandten war, diese Frage kommt mir erst jetzt in den Sinn, als hätte ich heute Morgen bei der Herfahrt geschlafen. Schau doch mal rein und lass dir erzählen, wie die Dinge im Dorf stehen und gehen, wird sie sich gesagt haben, denn wer, wenn nicht die Wirtin, kann einem Auskunft geben. Dass die beiden so blöd waren und nicht einmal den roten Cabrio entfernt haben, mag verstehen, wer will, wobei es eh nur eine Frage der Zeit gewesen wäre, bis man sie gefunden hätte, außer die beiden würden ihren

Wagen in einem der Riedseen versenkt und ihr Leben wie bisher weitergelebt haben. Doch stattdessen lassen sie das Auto vor dem *Löwen* stehen und geben mit ihrem Verschwinden jedem sofort zu verstehen, dass hier etwas nicht stimmt, nur dass Walter mir überhaupt nichts Näheres erzählt hat und ich darum nicht einmal weiß, was danach noch passiert ist, ich ihm aber auch das Gefühl vermitteln musste, von nichts zu wissen, was heißt, dass ich auf keinen Fall allzu präzise nachfragen durfte.

Der Gestank hält an, doch immerhin werfen jetzt Schatten schräge Gitter an die Wände, Schatten, die wie Besucher wirken, die den Abend ankündigen, einem Gesellschaft leisten und etwas Beruhigendes besitzen, sodass man selbst hier, die Arme hinterm Kopf auf dem Kissen verschränkt, beinahe gern auf dem Bett liegt und sogar eine Art Entspannung verspürt, eine Entspannung, die sich diesen Schatten verdankt, als schützten sie einen und brächten gleichzeitig die Welt herein, eine Welt ohne Gewicht, ohne Last, ohne Schwere, schleichend und unverbindlich, weshalb diese Stille fast schön werden will, obwohl von Schönheit zu reden in diesen vier Wänden vollkommen absurd ist. Doch der Gestank hält an, und zwar so sehr, dass man tatsächlich auf den roten Knopf drücken muss, ob man will oder nicht, in der Hoffnung, eine andere Zelle zu kriegen, eine Zelle nebenan, mit den gleichen Schatten, wieder eine Zelle allein, ohne Woytek, Hani und Mohamed, eine Zelle, die etwas genauso Beruhigendes ausstrahlt, wenn man auf diese Schatten blickt, jedoch einen funktionierenden Abfluss besitzt, wobei trotz dieser Gerüche ein Teller Linsen mit Würstchen nicht schaden könnte, als gäbe es nichts Besseres als Linsen mit Würstchen und ein Bier dazu, nur dass man hier kein Bier kriegt, sie bei mir allerdings eine Ausnahme machen könnten, schließlich bin ich alles andere als verurteilt.

Warum hat der Aufseher von der sogenannten Effektenkammer eigentlich betont, dass zweimal im Monat ein Händler vorbeikommt, bei dem man sich etwas kaufen kann, Wurst- oder Fischdosen und sonstige Kleinigkeiten? Zweimal im Monat, obwohl ich höchstens eine einzige Nacht hier bin. Warum es Effektenkammer heißt, weiß ich auch nicht, doch Johannes hätte gewiss eine Erklärung dafür. Mittags gebe es manchmal Rollbraten mit Rotkohl, pries Walter mir das Knastessen an. Handelte es sich hier jedoch wirklich nur um ein Wartezimmer, hätte mir dieser Beamte auch nicht zu erzählen brauchen, dass Vegetarier und Moslems etwas anderes als die Normalen kriegen, wofür ich ihn vor zwanzig Jahren noch zur Rede gestellt hätte, nur dass ich inzwischen andere Sorgen habe, normal oder nicht!?, was spielt es für eine Rolle!, schließlich kann man sich auch ständig beweisen wollen, wie kritisch man ist, so kritisch, dass man immerzu alles nachbetet, was als kritisch gilt, und automatisch aufspringt, wenn einer von den Normalen und den anderen spricht. Überbelegung sei eh verboten, hat Walter, als wir an der Friedhofsmauer entlang im Stau standen, auch noch betont, nur dass außer mir hier sowieso kein Einziger zu sein scheint, nicht links, nicht rechts, nicht über, nicht unter mir, nicht am Ende des Flurs, da man ja sonst etwas hören müsste. Hat nur noch gefehlt, dass sie von Besuchszeiten reden.

Am besten, ich warte das Abendessen ab, dann können die Aufseher gleich das Klo reparieren oder mich in eine andere Zelle stecken, schließlich kann es nicht mehr lange dauern, auch wenn ich keine Ahnung habe, wieviel Uhr es ist, weshalb man in einem solchen Abseits wie Gott befehlen können möchte: Es werde Abend, es werde Morgen!, auf dass endlich die Tür aufgehe, ein Vesper gereicht werde und der Gestank ein Ende habe, obwohl man sich, je länger es geht, allmählich an alles gewöhnt.

Wüsste ich, dass jener Empfangsbeamte kommt, der so heiter über den Brillenrand blickte, fiele es mir leichter, diesen Knopf zu drücken, zumal er über das verstopfte Klo vielleicht bloß lachen, mit mir noch eine Zigarette rauchen und sogar seine Dienstzeit überziehen würde, um mit mir noch ein bisschen zusammenzusitzen, wobei wir uns anfreunden würden und er beim nächsten Mal sogar eine Flasche Wein mitbrächte. Sollte der Aufenthalt dann doch länger dauern, würde er jeden Abend vor dem Heimgehen bei mir vorbeischauen und mit mir Schach spielen. Im Sommer würden wir am Fenster sitzen und die Grillen im Gefängnisrasen zirpen hören, und jedes Mal würde ich mit dem Gedanken, dass er morgen wiederkommt, einschlafen. Wir könnten die Wände streichen und das eine oder andere Gemälde aufhängen, und er würde mir einen richtigen Schreibtisch, einen Fernseher und sogar Vorhänge besorgen. So einfach könnte das sein. So einfach.

–––*die Ulme war's, die hehre, wenn dort im grünen Tale, da wiegt ein Ulmenbaum, zu Hirsau in den Trümmern, woran mein Sinnen hing, frischgrünend seine Krone, zu Hirsau in den Trümmern, er wölbt sich statt des Daches, da fing mein Sinnen an, hoch überm Giebelsaum, in des Gemäuers Enge, da wiegt ein Ulmenbaum, zu Hirsau in den Trümmern, ihm*

Luft und Sonne nahm, bis er zum Lichte kam, zu Hirsau in den Trümmern, nur dass es nie ein Ganzes ergeben will und die Verse hinken wie auf einer kratzigen Platte in der Rille, ich diese Strophen aber am liebsten an der Wand als Souvenir hinterlassen würde, als ein Souvenir, das einen ganz anders als all diese Sprüche aufrichten könnte, ich es jedoch nicht zusammenkriege.

Obwohl Montag ist, habe ich die ganze Zeit das Gefühl, es sei Samstag, was wahrscheinlich mit dieser Stille zusammenhängt, mit einer Samstagabendstille wie früher, als daheim das Badewasser eingelassen wurde, nachdem der Hof gekehrt war.

Zum Abendessen wird hier höflich geklopft, zumindest bei mir, und der Teller nicht, wie vermutet, durch den Blickspalt hereingeschoben. Mit einem munteren, ja heiteren, um nicht zu sagen spöttisch klingenden »Guten Appetit« stellt ein grau melierter Herr, der kurz vor der Rente stehen und auch Berufsschullehrer sein könnte, den Blechteller auf den Tisch. »Guten Appetit«, wiederholt er beim Hinausgehen noch einmal ein bisschen lauter, als hätte ich mich nicht bedankt. Doch als der Schlüssel sich wieder umdreht, was sich gewaltsam anhört, bekommt diese Freundlichkeit etwas Schäbiges, als lache er insgeheim über mich und schneide draußen Grimassen, ganz zu schweigen von der fluchtartigen Pressanz, mit der er mir das Blechtablett in die Hand drückte. »Ich schicke gleich einen vorbei!«, ruft er durch die Tür, als brauche ich mir wegen des Klos keine Sorgen zu machen. Durch den Spion könnte er mich jetzt beobachten, wie ich die drei Brotscheiben, die zwei Essiggurken, den Butterwürfel und die an den Rändern rötlich angetrocknete Lyoner anstarre, wobei ein richtiger Appetit nicht aufkommen will, obwohl sich längst so etwas wie Hunger meldet, aber die Lust am Essen fehlt, und sei es, weil sein aufgequollener Finger mit dem eingeschnittenen Ring so fürchterlich aussah, als ließe er sich nur noch chirurgisch entfernen, so wie das beim Ochsen unseres Nachbarn scheinbar der Fall war, von dem Papa, als er damals aus dem Stall herausgezerrt und auf einen Viehhändlerkarren hinaufbugsiert wurde, erzählt hatte, man müsse ihm, da er kaum noch atmen könne, den Ring aus der Nase herausoperieren, nur dass wir diesen Ochsen nie wieder gesehen haben und Papas Geschichte natürlich erfunden war, um einem Fünfjährigen nicht klipp und klar sagen zu müssen: Der kommt nie wieder und wird jetzt geschlachtet, damit wir beim Metzger Siedfleisch kaufen und ihm allenfalls auf diese Weise noch ein letztes Mal begegnen können.

Wenigstens Senf hätten sie dazulegen können, eines dieser gelben Tütchen, wie Lisa sie nebst Mayonnaise zu Dutzenden in den Tischkörbchen stecken hat, was allein schon zeigt, wo sie gastronomisch stehen geblieben ist, auch wenn sie eine Zeit lang von der aberwitzigen Idee besessen war, es ließe sich ihre heruntergekommene Straßenbeiz mir nichts, dir nichts in ein Nobellokal ummodeln, ein Nobellokal, das von weit her Gäste in unser Kaff lockt, was eines jener Hirngespinste war, die sie für etwas durch und durch Realistisches hielt, als müsse man, wie es längst alle machen, über einen Salat bloß ein paar Shrimps kippen, um schon in der oberen Kochklasse mitzuspielen. Lyoner, Tilsiter und sogenanntes Mischbrot, ein wahrlich frugales Mahl, wie ich es seit meiner Kindheit nicht mehr hatte, einer Kindheit, die aus warmen Mittagessen mit Suppenschüsseln bestand und in der es abends bloß Vesper gab, Schinkenwurstbrot oder Dreieckskäse mit Pilzen, Paprika oder Kümmel in Gold- oder Silberfolie, sodass die eherne Regel galt: mittags warm, abends kalt, was ich seit dreißig Jahren andersherum halte, außer dass ich manchmal mit Lisas Mutter in der Wirtsstube einen Teller Hühnerbrühe geschlürft habe, was jetzt auch schon eine Weile her ist, zumal die Zeiten, als zwischen zwölf und zwei an keinem einzigen Tag ein Tisch frei blieb, sieben Jahre zurückliegen und die Oma kurz nach der Brückeneinweihung gestorben ist, was Lisas Bruder zu spät erfahren haben will, weshalb er angeblich nicht zur Beerdigung kommen konnte, nur dass Lisa sich sicher ist, dass er bloß den Flug sparen wollte, was aber letztlich keine Rolle spielt, egal was der Wahrheit entspricht, zumal er wahrscheinlich nicht einmal wusste, wie die Oma, also seine Mutter, jedes Mal, wenn es zu klingeln anfing, hoffnungsvernarrt und entsetzensbereit zugleich zum Telefon hinüberstrebte, da dieses Klingeln ja das Schönste bedeuten konnte, aber auch das Schrecklichste, je nachdem, welche Neuigkeiten es bringen würde. Jeder im Dorf nannte sie Oma, obwohl es überhaupt keine Enkel gab, was ihr allerdings auch zu schaffen machte, schließlich hätte sie mich sonst nicht mit solchen Bemerkungen wie »Jetzt wird es aber allmählich Zeit!« belästigt, obwohl Bruno damals noch am anderen Tisch saß und ich einer von denen war, mit denen man bis vor kurzem nichts zu tun haben wollte, ich inzwischen jedoch neben der Oma am Kachelofen hockte und mit ihr im Neckermann-Katalog blätterte, dessen Modellen sie stundenlang ihr Passfoto aufsetzen konnte und damit tausend Kleider anprobierte, von denen sie nie eines bestellte, was auch besser so war, zumal man wahrlich eine Menge Kraft brauchte, um sie zum Telefon hinüber zu wuchten, wo sie dann am Tresen stand und in ihrem eigenen Fleisch zusammensackte, als werde sie immer breiter und kleiner mit ihren sich übereinander auftürmenden Wurstringen, nur dass es sowieso nie ihr Sohn war, der anrief, sie sich jedoch umso krampfhafter am Hörer wie an etwas Rettendem festhielt und dabei auf die Ansichtskarte aus Valparaiso starrte.

Es sei widerlich, wie ich da vor ihr sitze und dieses Zeugs in mich hineinmampfe, hatte Lisa mir auf der Rückfahrt von Paris im Speisewagen gesagt. Ist es erst einmal so weit, dass man auch noch dafür, wie man isst, gehasst wird, sollte man kurzerhand aufstehen und für immer gehen. Nur wohin, fragt man sich, zumal in einem Speisewagen, wo ich mir gesagt habe: Du musst jetzt weiteressen, auch wenn man dein Schlucken bereits an den Nebentischen hört und alle bald bloß noch zu uns herüberglotzen, wohl wissend, dass vor allem ein solches Sichzusammenreißen zur Explosion führen kann. Und dann der Satz: »Hör endlich auf, so nervös zu blinzeln!«, als stehe das in meiner Macht, ein Satz, den ebenso jeder mitgekriegt hat, weshalb man nicht weiß, ob man einfach toben und den Glotzenden um einen herum jenen Skandal, nach dem sie sich insgeheim seit einer halben Stunde sehnen, tatsächlich bieten soll oder lieber alles in sich hineinfrisst, bis man endlich daheim ist. Ich solle nicht so nervös blinzeln, hat sie mich auch in dieser Nacht angefahren, ausgerechnet sie, die vor Zittern kaum ihre Kippe halten konnte.

Oft habe ich das Gefühl, Asthma zu haben, ein Asthma, bei dem man weder schwer atmet noch röchelt und auch nicht pfeift und trotzdem so etwas wie Atemnot empfindet, ganze Tage lang, ja über Wochen hinweg, wenn nicht im Grunde sogar ständig, außer man ist allein unterwegs, fährt mit dem Auto übers Land und hört, so laut es geht, Musik, so laut, dass die Kiste bebt, keine Johannes-Musik, sondern eine, die tobt vor Energie und mich zwanzig Jahre jünger macht, wenn man im alten Daimler über die Landschaft rauscht und alles hinter sich lässt, nur Bäume und Wiesen um sich herum und den Himmel als Horizont, bloß dass es einen dann trotzdem wieder heimwärts treibt, nicht nur in die eigene Stube, sondern auch zu Lisa, als gehe es nicht mit ihr, aber auch nicht ohne sie, und sei es, weil man keine Ahnung hat, wo man sonst mit sich hin soll, weshalb man das, was einen nicht glücklich macht, lieber erträgt als das, wovon man nicht weiß, was es sein soll, schließlich müsste man andernfalls ja das ganze Leben ändern, ohne zu wissen wie, nur dass mit diesem Nichtwissen die Jahre ins Land ziehen, eins ums andere, schneller, als man wahrhaben will, was sich jetzt mit einem Schlag geändert hat, ohne dass ich hätte etwas dazutun können.

Manchmal schon hatte ich die Phantasie, dass einer, der ans Bett gefesselt ist oder lebenslänglich im Knast sitzt, nichts mehr falsch machen und nur noch bedauert werden kann. Zum Nichtstun verdammt, könnte man ein guter Mensch werden, dachte ich, zumindest in den Augen der anderen, die dann Mitleid mit einem haben müssten, was auf Dauer zwar auch nichts Schönes ist, aber solchen Gefühlen wie Wut und Abscheu vorzuziehen wäre. Vielleicht muss ich mir einfach sagen, dass ich ab jetzt von den beiden befreit bin, obwohl das nie meine Absicht war, zumindest nicht, was den Pfarrer betrifft. Längst hatten wir das Gefühl, das Leben zu verpassen, nur fragt sich: welches Leben? Wenn ich gelegentlich in die Stadt hinabfahre und in einer Kneipe am Tresen stehe, sind die meisten um mich herum zwanzig, dreißig Jahre jünger, obwohl ich, genauso wie der Pfarrer, mit Anfang fünfzig ja noch nicht wirklich alt bin, einen jedoch das Gefühl zu quälen anfängt, längst alles verpasst zu haben, was immer es auch sein mag: ein Leben mit einer Frau, die nicht Lisa heißt, einen Beruf, der tatsächlich ein Beruf ist, und eine Zukunft, die Zukunft hat. Stattdessen bin ich ein ähnlicher Einsiedler wie der Pfarrer geworden, anstatt in eine Stadt zu ziehen, die wenigstens aus ein paar mehr Versuchungen besteht, nur dass ich, ganz anders als Johannes, keineswegs mit Absicht zum Eigenbrötler geworden bin, sondern aus purem Dahindümpeln, als sei man für das, was mit einem geschieht, nicht wirklich verantwortlich.

Ich sollte mich auf die Fragen des Richters vorbereiten, auch wenn ich nicht weiß, was er mich fragen wird, schließlich hatte Johannes eines Tages behauptet, es sei bei seiner Gerichtsverhandlung, wie bei allen anderen auch, um nichts als Worte gegangen, was beinahe so klang, als besitze das, was wirklich passiert ist, nicht die geringste Bedeutung. Mit Worten könne man Prozesse gewinnen, Prozesse verlieren, Prozesse verhindern, dozierte er daher, was bei einem, der freigesprochen wurde, ungute Gedanken aufkommen lassen kann, als sei auch Unschuld nur eine Frage der Sprache. Dabei soll Johannes die ganze Zeit so gut wie nichts gesagt und lediglich betont haben, dass er überhaupt nicht weiß, wovon eigentlich die Rede ist, weshalb er anfangs auch gar keinen Anwalt wollte und offensichtlich dachte, der Ruf nach einem Verteidiger könnte bereits wie ein Geständnis wirken, was nicht ganz abwegig ist. Immerhin wissen wir aus Filmen, dass solche, die sofort nach ihrem Anwalt rufen, in aller Regel am meisten Dreck am Stecken haben. Würde ihn nicht die Kirche dazu gedrängt haben, hätte er sich selbst verteidigt, was allerdings heißt, dass er sich nicht hätte ins Schweigen flüchten und bloß behaupten können, man müsse sich doch wegen absurder Gerüchte nicht rechtfertigen, wobei man den Eindruck gewinnen konnte, dass ihn weniger die Gerüchte selbst als vielmehr der Umstand empörte, sie überhaupt zur Kenntnis nehmen zu müssen. Jedenfalls muss ich mir bei der Begrüßung den Namen des Richters merken, was ja oft nicht einfach ist, vor allem wenn die Leute nuscheln oder der Name kompliziert klingt, weshalb ich in meiner Aufregung nicht vergessen darf, genau hinzuhören und ihn sofort zu wiederholen, damit von Anfang an der Eindruck einer gewissen Verbindlichkeit entsteht.

Wie man sich bloß derart blamieren kann, und all das nur, weil der richtige Knopf am Boden angebracht ist und mit dem Fuß gedrückt wird, als sei ich die ganze Zeit blind gewesen. »Sitzt in seinem eigenen Gestank und sieht den Knopf nicht!«, werden sie jetzt spotten, zumal so etwas vermutlich noch nie vorgekommen ist und man sich hier sicherlich über jede Abwechslung freut. Dass ich gar nicht mehr aufhören wollte, »Es tut mir leid!« zu sagen, macht die Sache nicht besser, schließlich hatte dieser mit Schlagstock und Saugschwamm bewehrte Beamte bei jeder erneuten Beteuerung, wie leid es mir tue, nur umso schlimmer vor sich hin gestöhnt und den Kopf geschüttelt. Wahrscheinlich sitzen sie jetzt in ihren Büros an den Überwachungsbildschirmen und schütteln sich vor Lachen.

Wenn ums Dorf herum im Sommer die Klatschmohnwiesen leuchten, in der Ferne eine Kreissäge aufheult, ein paar Mopeds durch die Gassen furzen und man die in der Hitze flirrende Luft tatsächlich zu sehen meint, dachte ich manchmal, dieses Leben dort oben könnte eigentlich schön sein, würde einen nicht ständig das Gefühl bedrängen, dass das nicht alles sein kann. Insgeheim dachte ich sogar manchmal, wir sollten es wagen, nach Valparaiso zu gehen, ohne davon je ein Wort Lisa zu sagen. Doch am anderen Ende der Welt, wo keiner uns kennt und wir nicht einmal die Sprache verstehen, wäre ich restlos auf sie angewiesen gewesen. Sollten die beiden tatsächlich dorthin fliehen, können sie eigentlich nur enttäuscht werden, schließlich weiß der Pfarrer ja wie kein anderer, dass ein Name, in dem das Paradies steckt, rein gar nichts bedeuten muss. Ob Lisa überhaupt je ernsthaft so weit weg wollte, bezweifle ich, nur dass ihr jetzt vielleicht gar nichts anderes mehr bleibt.

Den Atlantik hätten die nach Amerika aufbrechenden Puritaner wie das Rote Meer empfunden, als seien sie die Nachfolger der aus Ägypten geflohenen Israeliten, Nachfolger, die genauso in den Fluten hätten versinken und ertrinken können, würde Gott ihnen nicht beigestanden und sie in ein Land geführt haben, das ähnlich wild und wüst wie Kanaan war, ein Land aus Gestrüpp, Sand und Klüften, mit ein paar Indianern, die man habe vertreiben müssen wie die Israeliten die dortigen Nomaden, weshalb die Geschichte sich auf die eine oder andere Weise stets wiederhole, erzählte Johannes erst kürzlich.

Fragt sich, welche Zeit einmal als die wirklich verlorene gelten darf: die dort draußen oder jene, die wir vielleicht hier drinnen verbringen müssen? Doch was hätte ich damals machen sollen außer froh sein, dass man überhaupt noch Arbeit kriegt und aufgenommen wird? Was tun, wenn man jahrelang die Tage und Nächte in jener immergleichen Küche verbrachte, in der Kletterpflanzen, Bananenstauden und Kübelpalmen den Blick in die Welt hinaus verdunkelten, Kai seine Kippen am liebsten in der Margarine ausdrückte, aus den im Waschbecken sich stapelnden Töpfen und Tassen Schimmelpilze wuchsen und ständig darüber gestritten wurde, wer zuletzt den Abwasch gemacht hatte, man nächtelang kiffend in diesem Dschungel herumhockte und Rio Reiser durch das Bahnwärterhäuschen brüllte: »Wieviel sind hinter Gittern, die die Freiheit wollen? Wieviel sind hinter Gittern, die wir draußen brauchen?« Anfangs beschimpfte ich mich noch dafür, weil ich nur mit Anja zusammensein wollte, was aber nicht sein durfte, da wir uns ja von allem Besitzdenken freimachen mussten und es nichts Eigenes mehr geben durfte, weder an Geld noch in Gefühlsdingen, was schließlich dazu führte, dass mir irgendwann alles egal war, weil ich von denen, die da mit mir hausten, eh keinen mehr mochte, weder Andi noch Kai und auch nicht die beiden Frauen, weshalb es umso verwunderlicher ist, dass ich den Absprung nie schaffte, was sich bis heute nicht ändern sollte, zumal immer erst eine Katastrophe passieren muss, bevor ich kapiere, dass es tatsächlich nicht mehr so weitergeht. Und jetzt steht hier ein *Venceremos* an der Wand wie bei uns damals über dem Kühlschrank, ein *Venceremos*, so lächerlich wie alle unsere Sprüche, ein *Venceremos*, bei dem ich schon lange nicht mehr wüsste, welche Siege es uns bescheren sollte.

Dass man mich wecken musste, heißt, dass ich tief geschlafen habe, zumindest in den Morgenstunden. Bis dahin hätte ich die Wände hochgehen und zum Fenster hinausbrüllen können, in eine Nacht hinein, deren Himmel man von hier unten nicht einmal sehen kann, eine Nacht, die erst spät ein wenig kühl zu werden begann, als wolle der Sommer tatsächlich noch lange nicht enden, nur dass überhaupt nichts zu hören war außer Glockenschlägen und Polizei- oder Krankenwagensirenen, deren Geheul beim Näherkommen jedes Mal auszuleiern schien und sich wieder in einer Stille verlor, die dann umso leerer wirkte, einer Stille, in die sich kein Vogel, kein Wind, kein Blätterrauschen und auch nichts Menschliches mischte, obwohl die Stadt gleich um die Ecke liegt und auf den Gassen gewiss noch einiges los gewesen sein muss, wie das hier ja manchmal bis Ende November der Fall ist und in milden Wintern die Straßencafés selbst an Weihnachten ihre Wärmestrahler draußen stehen haben, auch wenn ich immer seltener in die Stadt hinabfahre, zumal in den entsprechenden Kneipen allmählich fast alle viel jünger sind als ich und man bei uns oben verlernt, wie man sich locker gibt und Leute anspricht, weshalb ich meistens nur dumm an irgendeinem Tresen herumsitze und so tue, als sei ich mir selbst genug, schließlich kann man in meinem Alter ja nicht offen Frauen nachglotzen, die das Leben noch vor sich haben und zuallerletzt auf einen wie mich warten, nur dass man inzwischen ganz andere Sorgen hat, ich mir aber trotzdem die halbe Nacht vorgestellt habe, wie es jetzt dort draußen wäre, allerdings nicht klingeln und fragen konnte, ob man, um endlich müde zu werden, mit dem hochheiligen Versprechen, in zwei, drei Stunden wiederzukommen, noch ein bisschen herumspazieren oder in der nächsten Eckkneipe ein Bier trinken darf.

Stattdessen gingen mir Walters Ratschläge im Kopf herum, Ratschläge, die er sich hätte sparen können, als wüsste ich nicht selbst, wie man sich am besten verhält, auch wenn es gut gemeint war, er aber nicht ständig hätte betonen müssen, dass ich auf keinen Fall unsicher wirken oder bei meinen Antworten lange überlegen dürfe, was ich mir auch selber denken könnte, nur dass es am Ende genauso auf den Richter und nicht nur auf mich ankommt und es deshalb wenig nützt, sich irgendwelche Antworten zurechtzulegen, zumal er vielleicht nach Dingen fragt, die einem vorher überhaupt nicht in den Sinn kommen und mit dem, worum es geht, scheinbar gar nichts zu tun haben, weshalb man sich fragen muss, ob einer wie der Walter tatsächlich die richtigen Ratschläge auf Lager hat, ausgerechnet einer wie er, der in seiner verschwitzten Gemütlichkeit viel zu harmoniegierig ist, um wirklich zu wissen, was es heißt, raffiniert zu sein.

Andererseits besitzt er mit Verhören durchaus Erfahrung, auch wenn es eher Besoffene, Randalierer, Kleindealer und solche sind, die ein Fahrrad geklaut haben, mit denen er zu tun hat, wozu man nicht besonders geschickt sein muss, weshalb er auch seit Jahren auf der gleichen Wache herumhängt. Immerhin wird auf mich ja kein Psychologe gehetzt, der bei jedem Wort, das man sagt, etwas heraushört, was man gar nicht gesagt hat, weshalb ich im Grunde nicht die geringste Angst haben muss und auch nicht verstehe, warum Walter mir zigmal meinte einbläuen zu müssen: »Tu so, als seist du kooperativ!«, was aus seinem Mund reichlich gestelzt klingt, obwohl er das wahrscheinlich schon tausendmal irgendwelchen Leuten geraten hat, nur dass es genau genommen ja besagt, dass ich nur so tun soll, was immer das heißen mag, ich jedoch endlich aufhören sollte, über all das nachzudenken, nachdem es gleich so weit sein wird und einen solche Ratschläge nur verrückt machen und das Gegenteil dessen bewirken, was beabsichtigt ist, zumal ich mir immer wieder sagen muss, dass jemand, der nichts zu gestehen hat, gefälligst auch schweigen darf, bevor er sich in Sachen verwickelt, die ihn weder etwas angehen noch mit ihm zu tun haben.

Irgendwann muss ich über diesen Gedanken tatsächlich eingeschlafen sein, und zwar so schnell, dass ich nicht einmal mehr denken konnte: Jetzt schlafe ich ein. Am Ende sollte es noch wie bei meiner Mutter sein, die über Jahre hinweg jeden Morgen behauptet hat, vor Sorgen die ganze Nacht über kein Auge zugetan zu haben, obwohl ich sie immer schnarchen hörte, ihr das jedoch kein einziges Mal zu sagen wagte, auch wenn man sie bis auf die Straße hinaus hören konnte und wir uns sonst alles, was wehtat, an den Kopf warfen, ich jedoch befürchtete, ihr in diesem Fall das Letzte zu nehmen, was sie am Leben hält: ihre Sorgen und ihre Schlaflosigkeit. Dass ich nicht einmal das harte Knacken der Schlüssel im Schloss mitbekam, könnte einen fast beunruhigen, wobei das nahezu gebrüllte »Guten Morgen« jenes Beamten, der auf mich herabschaute, offensichtlich keineswegs sein erstes war, zumal in seinem Gesicht bereits eine kleine Verzweiflung zum Ausdruck kam, eine Verzweiflung, die sogar eine kleine Wut zu verbergen schien, was nur heißen kann, dass alle vorsichtigen Versuche offensichtlich nichts nützten, er es vermutlich aber auch nicht wagen wollte, mich anzutippen oder wach zu rütteln, so steif, wie er dastand und mich anschaute, als mache ich ihm das Leben schwer, ihm, einem Winzling, der, wie sich zeigt, selbst mir nur bis zum Mund reicht, allerdings von oben bis unten aus Muskeln besteht, wie nicht nur seine zum Platzen prallen Schenkel beweisen, die derart massig sind, dass ihm jeder Asthmatiker davonrennen könnte, nur dass ein Colt an seinem Gürtel hängt, der die Sache dann doch nicht so einfach macht. Bei jedem Schritt ripsen seine Hosenbeine aneinander, und jedes Mal, wenn er sich umdreht, wirkt es fast so ungelenk wie bei einem Roboter. Ich müsse mich beeilen, in einer halben Stunde finde das Verhör statt, drängt er mich mit dünner Fistelstimme, die geradezu Mitleid erregen könnte, nur dass er dann auf einmal an mir hochschaut und meint: »So gut wie Sie schläft bei uns selten einer, wenn ein Verhör auf ihn wartet«, worauf ich vor mich hinstöhne: »Dass ausgerechnet mir das passieren muss und ich in meinem Leben noch einmal einen Knast von innen sehen muss!«, was ihn auf beinahe debile Art ungerührt lässt, zumal Reden eh nicht seine Sache zu sein scheint und dieser Mensch wahrscheinlich hinter jedem, der hier auftaucht, das Schlimmste vermutet, schließlich würde er sonst bei seinem Verschwinden nicht wie ein feiger Hund, der sich in Sicherheit bringt, noch bemerken müssen: »Hier drinnen ist noch selten einer umsonst gesessen«, worauf ich überhaupt nichts mehr sagen kann, weil die Tür bereits wieder zu ist.

Im Grunde sollte man so etwas sofort seinem Vorgesetzten melden, schließlich hat er sein Maul zu halten, egal was er denkt, zumal ich nur hier bin, weil sie herausbekommen wollen, wo die zwei sich befinden, als hätten sie mir einen Brief mit künftiger Anschrift und Telefonnummer hinterlassen, was ich gegebenenfalls auch daheim an meinem Küchentisch verraten könnte, ohne dass man sich solche Frechheiten bieten lassen müsste, als sei man der letzte Dreck, ein Mörder oder Kinderschänder, wofür dieser Knilch büßen und sogar seinen Arbeitsplatz verlieren sollte, immerhin gibt es Gesetze, auch wenn er glaubt, sie gälten nur für solche wie mich, obwohl hier im Grunde genommen an niemand anderem als mir ein Verbrechen begangen wird, ein Verbrechen wegen Verleumdung oder wie immer das heißen mag, zumal ich droben im Dorf seit gestern als Knastbruder gelte und solche Typen wie er mich jetzt meinen anpöbeln zu können, wodurch einem wieder einmal schlagartig klar wird, warum wir früher auf diese Leute einen solchen Hass gehabt haben und am liebsten Bomben geschmissen hätten, was dann ja andere für uns erledigt haben, auch wenn wir das nicht wirklich gut fanden, es aber immerhin gezeigt hat, dass man auch anders kann.

Anstatt unverschämt zu werden, hätte er mir lieber gleich das Frühstück mitgebracht, mit dem keine zwei Minuten später der Berufsschullehrer vorbeikommt und wieder reichlich süffisant einen guten Appetit wünscht. Kaffee oder Tee, Kräuter oder schwarz, soviel Auswahl hat man hier, fast wie im Hotel, nur ohne Büfett, einzig und allein mit fünf Scheiben Lyoner, diesmal ohne vertrocknete Ränder, nur dass das Tablett heute morgen nicht in die Zelle gebracht, sondern durch die Luke gereicht wird, als halte man mich inzwischen für gefährlicher als noch gestern. Das Angebot, am Ende des Flurs duschen zu können, schlage ich aus, um nicht von anderen, die auch dort sein könnten, als der Neue empfangen und als ihresgleichen angepöbelt zu werden, wobei ich mich frage, ob es überhaupt ein Angebot war und nicht eher eine Aufforderung, was mir aber egal sein kann, schließlich stinkt man ja noch nicht gleich, wenn morgens einmal die Dusche ausfällt, obwohl es schlimmstenfalls sein könnte, dass die gestrigen Gerüche sich an mir festgesetzt haben. Ob er mir einen Kamm besorgen könne, frage ich, als er die Luke bereits wieder schließen will, worauf er sogleich zurückkommt und eine Bürste mitbringt, eine Bürste, die reichlich gebraucht aussieht und den Eindruck macht, als könne man sich mit ihr alle möglichen Krankheiten holen, Krankheiten, die sich durch die Kopfhaut einfressen, alle möglichen Organe befallen und die Ärzte vor unlösbare Rätsel stellen, und all das nur, weil es mir nicht gelingen will, aus einem Albtraum aufzuwachen, um mich im Bett daheim wiederzufinden und über den Film, der sich da nachts abgespielt hat, den Kopf zu schütteln.

»Wenn die Leute nichts sagen wollen, gibt es immer noch die Hypnose«, meinte gestern der Fahrer vor sich hinbrabbeln zu müssen, als Walter sich an das starrsinnige Schweigen des Pfarrers erinnerte, nur dass mir dieser Satz erst jetzt, wo es zu spät ist, wieder in den Sinn kommt und ich nur hoffen kann, dass es ein Witz sein sollte, über den bloß keiner gelacht hat. Dass dieser Kerl seinen Vorgesetzten nicht sonderlich mag, war mir gleich klar, als die beiden bei mir in der Tür standen. Und deshalb meint er, als ginge ihn das etwas an, mit Hypnose drohen zu können, bloß um sich als abgebrühter Skeptiker aufzuspielen und diffuse Verdächtigungen in den Raum zu stellen, ein Kerl, der eigentlich überhaupt nichts zu melden und das Maul zu halten hat.

Ri-ra-rutsch, wir fahren mit der Kutsch, solche Lieder soll Johannes mit den Kleinen gesungen haben, bevor es an jene Spielchen ging, für die er angezeigt worden ist, nur dass er im Gegensatz zu mir keinen einzigen Tag im Knast verbracht hat, da bei ihm anscheinend keine solche Fluchtgefahr bestand, wie sie mir dagegen angedichtet wird, ausgerechnet mir, der von Lisa unter Drohungen daran gehindert worden ist, Hilfe zu holen, was man vielleicht nicht allzu ernst hätte nehmen müssen, nur dass die beiden ja meine Freunde waren, zumindest bis vor ein paar Tagen, weshalb man auch nicht sofort zum Verräter werden will, obwohl es im Grunde nicht das Geringste abzuwägen gab und ich einfach meiner inneren Stimme hätte folgen sollen, was leichter gesagt als getan ist, zumindest in einer solchen Situation, in die keiner sich hineinversetzen kann, der sie nicht selbst erlebt hat, zumal es etwas ganz anderes ist, ob man sie sich nur auszumalen versucht oder ob man auf einmal mittendrin steckt und nicht ein noch aus weiß, wobei mich an diesem Abend am meisten gewundert hat, dass das Schreckliche auf einmal so normal sein kann, als sei gar nichts Besonderes daran, wenn jemand mit verklebten Strähnen und blutigem Gesicht zusammengekauert in einem Kellerloch sitzt und einen anschaut, als könne es schlimmer kaum noch kommen.

Als mir der Muskelzwerg mit einem um zwei Köpfe größeren Kollegen Handschellen anlegt und mich bittet, vorauszugehen, komme ich mir zum ersten Mal wie ein richtiger Verbrecher vor. Wäre Walter hier, würde er diesen Unsinn verbieten lassen, doch demjenigen, der einmal wirklich hier drinnen sitzt, hilft auch kein Walter mehr. Beschweren kann ich mich jetzt allerdings schlecht, zumal sein Kollege der falsche Adressat ist und ich dem Richter nicht als Erstes mit Klagen kommen kann. Die Hände auf dem Rücken, muss ich vor den beiden hergehen, vor zwei Beamten, die mir die Türen aufhalten, was mit ungerührter Zuvorkommenheit geschieht und mich zu einer Art erbärmlichem König werden lässt. Weil ich das Schweigen, mit dem man von hinten jede meiner Bewegungen überwacht, schwer aushalten kann und den beiden zeigen will, dass sie für mich keine Feinde sind, stöhne ich noch einmal vor mich hin: »Dass ausgerechnet mir das passieren muss und ich noch einmal einen Knast von innen sehen muss«, worauf sie überhaupt nicht reagieren.

Erst draußen merkt man, wie stickig die Luft drinnen war. Schwarze Müllsäcke, Abfalltonnen und abbröselndes Gemäuer mit Stacheldrahtkränzen, die geradezu kunstvoll miteinander verzwirbelt sind, machen aus dem geteerten Hof mit seinen Schlaglöchern und verrosteten Regenrinnen den idealen Platz für trostlose Filmszenen, sodass man sich wieder ein paar Augenblicke wie ein Schauspieler vorkommt, der seine Rolle lebensecht spielt und stolz auf sich sein kann, zumal die anderen nur Nebendarsteller sind. Einen Aufstand wagen, die beiden anbrüllen, einen Ausbruch versuchen, all das wäre jetzt möglich, doch ehe man sich's überlegen kann, wird einem die Tür zu einem erstaunlich steilen, vollkommen kahlen, von unten bis oben fensterlosen Treppengehäuse aufgehalten, das in endlose Höhen hinaufzuweisen scheint, sodass man sogar ein wenig den Kopf in den Nacken legen muss, um die gelbliche Tür über der letzten Stufe zu erahnen, was einen fast ins Stolpern geraten lassen und einem als Fluchtversuch ausgelegt werden könnte, obwohl es sinnlos wäre, ausgerechnet in diesem engen Gang davonrennen zu wollen, und das auch noch mit Handschellen. Auf der Hälfte angelangt, wo eine zwei Schritte lange Zwischenebene die Treppe unterbricht, fange ich die Stufen zu zählen an, und es beruhigt mich, dass sogar einer der beiden ins Schnaufen gerät, wobei ich nicht weiß, welcher es ist, was mir aber auch egal sein kann, obwohl man sich trotzdem Gedanken darüber macht, anstatt sich auf sich selbst und das zu konzentrieren, was auf einen gleich zukommt. Weil die beiden nach wie vor keinen Mucks von sich geben, möchte ich am liebsten fragen, ob ich in ihren Augen ein schlimmer Fall bin, den sie besonders bewachen müssen, oder ob sie mich für ein kleines Würstchen halten, wie sie Dutzende am Tag treppauf, treppab begleiten, Ladendiebe, Betrüger, Kleinkriminelle. Über solchen Abschweifungen vergesse ich das Zählen, und so klar wie noch nie meldet sich dabei das Gefühl, von nun an ziemlich einsam zu sein.

Dass er *ri-ra-rutsch* gesungen haben soll, passt überhaupt nicht zu ihm, nur dass er Haydn-Arien mit diesen Kindern schlecht singen konnte, Johannes eine solche Musik möglicherweise aber auch erst im Bahnwärterhäuschen zu hören anfing, was allerdings unwahrscheinlich ist. Mit seinen Wortklaubereien kann er sich jetzt auf die Frage konzentrieren, ob man ihn wegen Mordes oder wegen Totschlags anklagt, und darauf, ob es Straferlass gibt, falls sein Anwalt nachzuweisen vermag, dass es nicht vorsätzlich war. Wenige Monate bevor es zur Verhandlung kam, muss er wohl ein ähnliches Verhör hinter sich gebracht haben, wie es mir jetzt bevorsteht, nur dass er dabei kaum so stur geschwiegen haben kann wie später während des Prozesses, zumal sie ihn sonst gewiss nicht wieder laufen gelassen hätten. Andererseits waren damals weder Folter noch Mord im Spiel, was die heutige Sache keineswegs einfacher macht, all das jedoch reichlich wenig mit mir zu tun hat, sieht man einmal davon ab, dass ich unfreiwillig ein paar Dinge mitbekommen musste, von denen man, um wieder freizukommen, so wenig wie möglich wissen sollte.

Dass die beiden Uniformierten sich nach dem Abnehmen meiner Handschellen neben mich auf die schwarzen Lederstühle mit den ausladenden Lehnen setzen, der eine zur Rechten, der andre zur Linken, wirkt fast so, als wollten sie mich beschützen, nur dass sie immer noch kein einziges Wort reden, was das Ganze reichlich ungemütlich macht, obwohl die beiden Blumengemälde mitsamt den orange leuchtenden Tulpen auf dem eiförmigen Bürotisch das Zimmer so licht und freundlich machen, wie man es in einem solchen Klinkerbau mit Gittern vor den Fenstern zuallerletzt vermuten würde. Auf unserem Glastisch, der in der anderen Ecke steht, sind zwei Mikrofone aufgebaut, das eine vor mir, das andere vor dem noch freien Stuhl gegenüber, in der Mitte ein Aufnahmegerät, das winziger als eine Zigarettenschachtel ist. Als wir zur Tür hereinkamen, konnte man auf dem Teppichboden auf einmal unsere Schritte nicht mehr hören, Schritte, die im Treppenhaus fast so dramatisch wie in solchen Filmszenen nachhallten, die bedrohlich wirken wollen. Inzwischen beginnen meine Hände zu schwitzen, ausgerechnet hier drinnen im Sitzen, weshalb ich mir besser keinen Kaffee anbieten lasse, da ich beim Halten der Tasse zu zittern anfangen könnte. Schon auf dem Flur fing es an, nach Kaffee zu riechen, und da zwischen den Mikrofonen eine

Thermoskanne, Milch und Zucker auf uns warten, scheint man eine ungezwungene Gesprächsatmosphäre herstellen zu wollen, als sollte ich vergessen, wo wir hier sind. »Tu so, als seist du kooperativ!«, lautet Walters Maxime, nur dass er nicht selbst hier sitzen muss und leicht reden hat, während mir das Wort *kooperativ*, je länger es in meinem Kopf herumspukt, zunehmend kurioser vorkommt.

Dass der Größere zu meiner Linken einen rötlichen Flaum auf dem Kopf hat, bemerke ich erst jetzt. Vorher, beim flüchtigen Hinschauen, sah es noch nach einer Glatze aus, einer Glatze mit leichtem Sonnenbrand, als käme er eben erst aus dem Urlaub zurück. »Wie war's?«, könnte ich ihn fragen, doch er dürfte schon deshalb nicht antworten, weil der andere dabei ist, zumal die beiden ja nicht nur mich, sondern sich auch gegenseitig überwachen, weshalb der Zwerg sich diese Frechheit vorhin gewiss verkniffen hätte, wäre dort unten sein Kollege dabei gewesen, bei dem ich, so gutmütig, wie er dreinschaut, den Eindruck habe, dass er mich nicht unsympathisch findet, ganz anders als der andere, der sich nicht am Strand, sondern im Solarium bräunt, so ledern und krank, wie seine Haut aussieht. Dass auf der Straße Ulmen stehen und vor diesen Bürofenstern sogar die Gitter fehlen, macht diesen Raum noch freundlicher, obwohl von Freundlichkeit nicht wirklich die Rede sein kann, doch nach einem Tag wie gestern und einer solchen Nacht findet man bereits einen weichen Stuhl wunderbar.

Als die andere Tür aufgeht, jedoch noch keiner zu sehen ist und nur Stimmen zu hören sind, packt mich von jetzt auf gleich ein derart trockener Hustenreiz, dass er sich mit ein paar Bellern überhaupt nicht verscheuchen lässt, sondern gar nicht mehr aufhören will, als kitzle mich in meinem Rachen ein Pfefferkorn, was mehr als nur peinlich ist, zumal dabei auch die Stimmen hinter der Tür zu verstummen beginnen und ich, die Hand vor dem Mund, meine Bewacher lediglich entschuldigend anschauen und hilflos den Kopf schütteln kann, während mir Tränen in die Augen schießen und ich mit einem Schlag ganz verheult aussehe, als sitze hier ein reuiger Sünder, der mit den Nerven fertig ist, weshalb ich mich, so gut es geht, zusammenreiße, was aber nur das Gegenteil bewirkt, sodass ich die Polizisten bereits bitten will, mich auf die Toilette zu lassen, was wiederum als Fluchtversuch missverstanden werden könnte, weshalb mir nichts anderes übrig bleibt, als immer heilloser zu husten und den Tränen freien Lauf zu lassen, um diese Erschütterungen so schnell wie möglich hinter mich zu bringen und wieder Ruhe einkehren zu lassen, damit nicht diese Stille um mich herum mit jedem weiteren Krächzen und Würgen noch beklemmender wird. Was hier mit mir geschieht, ist alles andere als eine günstige Voraussetzung für ein gelassenes Gespräch, bei dem der Richter den Eindruck gewinnen soll, dass einer wie ich im Knast am falschen Platz ist, schließlich macht, wer sich gleich zu Beginn eines Verhörs die Tränen aus den Augen wischt, keinen allzu guten Eindruck, es sei denn, der Richter bekommt Mitleid und behandelt mich schonender, als es geplant war. So abrupt, wie der Husten kam, so plötzlich hört er auch wieder auf, nur dass meine Bewacher sich Blicke zuwerfen, als fragten sie sich, was da heute wohl noch alles auf sie zukommt.

»Seidel ist mein Name«, vielleicht auch Seidl, das weiß man nicht, zumal ich vergaß, auf das Schild neben der Tür zu achten, wie Walter es mir empfohlen hatte, um zu sehen, ob es ein Richter vom Amtsgericht ist oder einer auf

Probe, was sich anscheinend an solchen Schildern ablesen lässt, nur dass mir das eh egal sein kann, solange das Ganze gut läuft und ich am Ende wieder ein freier Mann bin. Seidel heißt er also oder Seidl, dieser dürre Junge mit grauer Krawatte auf weißem Hemd, der sein schultergepolstertes Jackett nur schlecht ausfüllt, ein Richter, der mein Sohn sein könnte und kaum das Studium beendet haben dürfte. »Guten Morgen, Herr Seidel«, erhebe ich mich mit einer kleinen Verbeugung mehr symbolisch als wirklich von meinem Stuhl, was die beiden Aufpasser trotzdem sofort in Stellung bringt. »Bleiben Sie sitzen!«, winkt Herr Seidel ab und lässt seinen Aktenordner auf den Tisch fallen, was offensichtlich locker wirken soll, aber schon deshalb reichlich bedrohlich klingt, weil sich da bereits ein ganzer Berg von Papieren gegen mich angesammelt zu haben scheint, nur dass dann doch kein so dickes Bündel zum Vorschein kommt, obenauf jedoch ein leuchtend rotes Papier liegt, das auch gleich die Hauptrolle spielt. »Ich habe hier«, erklärt Richter Seidel mit jener gequetschten Stimme, die schon aus der offenen Tür zu hören war und etwas angestrengt Emsiges besitzt, »ich habe hier einen Haftbefehlsantrag der Staatsanwaltschaft, mit dem Ihnen vorgeworfen wird«, womit er sich mit einem »Moment einmal!« unterbricht, unter seinen Papieren ein anderes Blatt hervorkramt und dabei ein bisschen zittrig wirkt, was aber auch am Papier liegen kann, das sehr dünn zu sein scheint. »Ich habe hier einen Haftbefehlsantrag der Staatsanwaltschaft, mit dem Ihnen vorgeworfen wird«, fängt er nochmals an und unterbricht sich sofort wieder: »Entschuldigen Sie, zuerst müssen wir ja die Personalien erledigen, damit ich nicht den Falschen beschuldige, wobei ich ja nicht selbst es bin, der Sie anklagt, damit wir uns recht verstehen, was bekanntlich die Staatsanwaltschaft macht, auf dass hier alles seine Richtigkeit hat«, nickt er uns dreien mit einem Lächeln zu, das zu sagen scheint: Nehmt mir nicht übel, wenn zwischendrin etwas schiefgeht, ich bin noch ein Anfänger. Eine gestandene Amtsperson, die ihre dreißig Jahre auf dem Buckel hat, wäre mir im Moment lieber, und zwar schon deshalb, weil Leute, die unsicher sind, aus purer Angst, etwas falsch zu machen, lieber einen Unschuldigen zuviel hier drinnen behalten als einen Schuldigen laufen lassen, schließlich hat dieser Kerl seine Laufbahn erst noch vor sich, weshalb er auf keinen Fall einen Fehler machen und schon zweimal kein Risiko eingehen will, was Leute wie ich dann ausbüßen müssen, Leute, bei denen es egal ist, ob sie ein paar Tage mehr oder weniger im Knast sitzen, da eh jeder davon ausgeht, dass sie nicht sofort vor den Kadi ziehen, wenn der Staat ihnen ein Unrecht antut.

»Im Übrigen müssen wir ja noch das Tonband einschalten, das hätte ich jetzt beinahe vergessen«, schüttelt er den Kopf, als halte er sich in diesem Augenblick tatsächlich für einen Trottel, wobei er sich offensichtlich für einen von der liebenswerteren Sorte hält, da er nochmals mit den Achseln zuckt und uns zugrinst, als sei er heute Morgen einfach ein bisschen überfordert. Vielleicht bringt dieser Mensch ja wirklich zum allerersten Mal ein Verhör hinter sich, zumal nicht das Geringste darauf hindeutet, dass die Polizisten ihn kennen, außer es herrscht hier immer eine so unpersönliche Atmosphäre, und sei es deshalb, weil es die Vorschriften verlangen. Andererseits kann es eigentlich nur etwas Gutes bedeuten, wenn man auf mich einen Neuling ansetzt, da wirklich schlimme Fälle gewiss in die Hände ganz anderer kommen, was nicht ausschließen muss, dass dieser Kerl sich naiver gibt, als er ist, obwohl er mit diesen hohen Backenknochen und seinem zum Kinn hin spitz zulaufenden Dreiecksgesicht alles, nur nichts Durchtriebenes ausstrahlt und vor zwei Wochen wahrscheinlich noch im Seminar saß und emsig streckte, wenn der Professor Paragraphen abfragte. Stünden hier nicht diese Mikrofone herum, könnte man sich nach einem solchen Auftakt gleich ein wenig beruhigter zurücklehnen, doch das Anklicken dieses winzigen Aufnahmegeräts kann jedes Wort, das mir jetzt aus dem Mund kommt, in einen Abgrund verwandeln.

Er geht mit mir die Personalien durch, Wohnort, Stand und Beruf: Dornbach, ledig, zuletzt Tankstellenpächter. Dann nimmt er wieder das rote Papier zur Hand und liest: »Sie sind angeklagt wegen gefährlicher Körperverletzung und versuchten Totschlags …«, nur dass ich das, was er weiterredet, gar nicht mehr höre, meine beiden Bewacher mich jedoch nicht einmal entsetzt anschauen, als hätten sie sowieso nichts anderes erwartet, sodass mir ein fast geschrienes »Halt!« herausrutscht und ich mit einer Empörung, die mir selbst ein bisschen theatralisch vorkommt, rufe: »Haben Sie ernsthaft Totschlag gesagt?«, worauf Herr Seidel mich, als sei seine Aussprache schlecht, beinahe schuldbewusst anschaut und derart zögerlich fragt: »Soll ich es Ihnen noch einmal vorlesen?«, dass die Polizisten sich angrinsen, man aber nicht weiß, ob sie am liebsten über meine Entrüstung oder die bubenhafte Unsicherheit dieses Richters den Kopf schütteln würden.

»Ja, bitte!«, verlange ich derart aufgebracht, dass mich mein Befehlston beinahe selbst erschreckt und ich mich sofort dafür entschuldigen möchte, was aber die Sache bloß noch komplizierter machen würde, zumal von jetzt an eh alles falsch sein kann, was ich sage und mache, jeder Blick, jedes Hüsteln, jede Geste, weshalb ich nur hoffen kann, dass es bei ihm nicht ganz so scharf ankam, wie es klang, schließlich könnte ich einpacken, sollte er sich von oben herab behandelt fühlen und den Eindruck bekommen, als wolle hier der Beschuldigte bestimmen, wie das Verhör abzulaufen hat. »Sie sind angeklagt wegen gefährlicher Körperverletzung und versuchten Totschlags«, fängt er nochmals von vorne an, das rote Papier in der Hand, mit einem Blick über seine breite Brille hinweg, der mich zu fragen scheint, ob auch alles verstanden wird, was aber überhaupt nicht der Punkt ist, zumal ich alles andere als das erwartet hätte, obwohl mir natürlich klar war, dass es in diese Richtung gehen musste, jedoch allenfalls von unterlassener Hilfeleistung die Rede sein würde, ich mir allerdings nichts anmerken lassen darf, nicht einmal die Erleichterung darüber, dass diese Frau offensichtlich noch lebt, was für mich nicht nur Anlass zur Freude sein kann, auch wenn man so etwas überhaupt nicht denken darf.

– »Erzählen Sie mir doch bitte, wie Sie vor drei Tagen den Abend verbracht haben.«
– »Vor drei Tagen?«
– »Ja, am Samstag.«
– »Zu Hause.«
– »Die ganze Zeit?«
– »Im Großen und Ganzen.«
– »Was heißt im Großen und Ganzen?«
– »Na ja, ich bin schon mal raus auf die Straße gegangen, bisschen frische Luft schnappen, die Straße rauf, die Straße runter, wie eigentlich jeden Abend.«

– »Kann das gegen halb acht gewesen sein?«
– »Halb acht ist möglich.«
– »Sie wurden gegen halb acht gesehen, wie Sie aus der Wirtschaft *Zum Löwen* kamen.«
– »Man kann mich dort jeden Tag sehen, schon weil dort ein Zigarettenautomat hängt.«
– »Sie haben also an diesem Abend um halb acht Zigaretten geholt?«
– »Ja.«
– »Dafür hätten Sie nicht aus der Wirtschaft von Frau Schindler kommen müssen.«
– »Der Automat hängt im Flur und nicht draußen.«
– »An der Wirtschaft hing an diesem Samstag ein Schild mit der Aufschrift: *Aus familiären Gründen geschlossen*, ein Schild, das, falls die jüngsten Informationen noch stimmen, bis heute da hängt.«
– »Die Tür war trotzdem offen.«
– »Haben Sie Frau Schindler besucht?«
– »Nein.«
– »Sie waren nicht bei ihr?«
– »Nein.«
– »Sie sind sich da ganz sicher?«
– »Ja.«
– »Haben Sie denn mit ihr an diesem Tag irgendetwas zu tun gehabt, und sei es, dass miteinander telefoniert haben?«

Gewiss können sie die gewählten Nummern überprüfen, weshalb es jetzt aufpassen heißt, nur dass eine Anruf ja noch nichts Schlimmes ist, schließlich könnte Lisa mich gefragt haben, ob ich noch Zucker zu Hause habe und eine Tasse voll vorbeibringen könne, zum Kuchenbacken oder weiß Gott wofür.

»Am Samstag?«, frage ich nach, um ein klein wenig Zeit zu schinden.
»Genau: am Samstag!«
»Lassen Sie mich überlegen –«

Herr Seidel faltet die Hände im Schoß zusammen und schaut, den Kopf eine Spur nach hinten gekippt, über seinen Brillenrand knapp über mich hinweg, als sei er schon ein bisschen gelangweilt und ungeduldig zugleich, wobei dieses leicht Zurückgelehnte auch zum Ausdruck bringt, dass wir uns Zeit lassen können, es vermutlich aber genauso sagen will, dass eine Antwort doch nicht so schwer sein kann und mein Zaudern bereits ein wenig verdächtig wirkt. »Wir haben Zeit«, sagt er dann tatsächlich, als fehle jetzt bloß noch, dass er anfängt Daumen zu drehen, so wie es Lehrer tun, die ihre Schüler ein Weilchen mit Schweigen foltern, bevor dann die Fetzen fliegen. Andererseits macht dieser Bub, der jetzt einen auf Richter machen muss, einen viel zu unschuldigen Eindruck, als dass man ihm solche Hintergedanken andichten dürfte, obwohl natürlich für einen wie ihn Tricks zur Schulung gehören.

– »Doch, sie hat angerufen, und zwar gegen Abend, ob ich noch zu ihr herüberkomme.«
– »Und dann?«
– »Nichts.«
– »Sie hat gefragt, ob Sie noch kommen möchten, und Sie haben abgelehnt?«

– »So ungefähr.«
– »Sie sind daheim geblieben?«
– »Ja.«
– »Waren den ganzen Abend nicht bei ihr?«
– »Nein.«
– »Man hat Sie aber bei ihr aus der Tür kommen sehen.«
– »Wenn ich zu ihr gehe, benutze ich den Hofeingang.«
– »Also waren Sie nur im Flur, ohne die Gaststube oder die Privaträume betreten zu haben?«
– »Ich sage doch: Zigaretten!«
– »Und die Tür stand offen, obwohl da dieses *Geschlossen*-Schild hing?«
– »Ja.«
– »Nach den Informationen, die mir hier vorliegen, kennen Sie Frau Schindler, wenn man so sagen will, recht gut.«
– »Natürlich kennen wir uns.«
– »Wie gut?«
– »Wir kennen uns gut.«
– »Sie haben ein Verhältnis mit ihr?«
– »Wir waren zusammen.«
– »Waren?«
– »Ehrlich gesagt, wissen wir seit Jahren nicht mehr, ob wir noch zusammen sind oder nicht.«
– »Mh.«
– »So etwas kommt vor.«

Das hätte ich nicht sagen sollen, schließlich klingt es wie eine Entschuldigung, und zwar für etwas, wofür ich mich überhaupt nicht rechtfertigen muss, zumal mein Lebenswandel – oder wie man solche Dinge nennen soll – diesen

Menschen überhaupt nichts angeht, sofern es nichts Schlimmes betrifft, wozu die Geschichte mit Lisa auf keinen Fall gehört, zumindest nicht im juristischen Sinn.

– »Wie gut kennen Sie Johannes Schöller?«
– »Ich habe ihm jede Woche ein paar Sachen vorbeigebracht.«
– »Sachen?«
– »Brot, Eier, Käse, Wurst und was man sonst noch zum Leben braucht.«
– »Sie gingen, wenn ich das recht verstehe, also zu ihm, um ihn zu versorgen.«
– »So kann man das nicht sagen.«
– »Wie dann?«
– »Wir haben auch miteinander geredet.«
– »Er selbst ging nie einkaufen?«
– »Um sein Häuschen herum hat er einen Garten mit Zwiebeln, Kartoffeln, gelben Rüben, Salat und Kräutern, auch Bohnen und Tomaten. Er braucht nicht viel zum Leben.«
– »Und das, was ihm noch fehlt, Milch und Mehl, besorgen Sie?«
– »Ja.«
– »Also sind Sie miteinander befreundet?«
– »Falls man mit jemandem befreundet sein kann, der einen über all die Jahre hinweg mit *Sie* anredet.«
– »Was heißt das?«
– »So wie ich es sage.«
– »Haben Sie eine Ahnung, wo er sich im Moment aufhält?«

Schulterzucken. Von Unsicherheit kann bei diesem Jungrichter, der anfangs so täppisch wirkte, keine Rede mehr sein, obwohl er bei jeder Frage leicht nickt und lächelt, als sei es ihm peinlich, derart penetrant nachhaken zu müssen.

– »Sie überlegen!?«
– »Was haben Sie gefragt?«
– »Ob Sie wissen, wo er sich im Moment aufhält.«
– »Nein.«
– »Und Sie haben auch keine Ahnung, wo er sich aufhalten könnte?«
– »Nein.«
– »Sie sind sich da ganz sicher?«
– »Nein.«
– »Nein?«
– »Nein, ich weiß es nicht.«
– »Eine leise Vermutung?«

Schulterzucken, Kopfschütteln. Herr Seidel schaut die Polizisten an, von rechts nach links, dann wieder mich und nochmals die beiden, diesmal andersherum, von links nach rechts, als wolle er mir damit zu verstehen geben, dass es Zweifel an meiner Behauptung gibt.

– »Verwandte, Bekannte, Freunde, bei denen er sein könnte?«
– »Nicht, dass ich wüsste.«
– »Hatte er auch von anderen Leuten regelmäßig Besuch?«

Bis vor wenigen Tagen war ich mir sicher, der Einzige zu sein, schließlich konnten die beiden ihre Geschichte so gut verbergen, dass nicht einmal in unserem halb ausgestorbenen Dorf etwas auffiel, zumindest nicht mir, der es als Erster hätte merken müssen, vorausgesetzt, dass Lisa überhaupt je bei ihm draußen war und ihnen nicht ganz andere Orte als Treffpunkt gedient haben, ihr Auto allerdings so gut wie immer im Hof stand, außer wenn sie nach Liedberg hinüber zum Einkaufen musste, die beiden sich vielleicht aber auch an solchen Tagen sahen, an denen ich im Daimler übers Land oder in die Stadt hinabfuhr, wobei sie ja nie wissen konnten, wann mir gerade danach ist und wann ich wieder zurück bin, sie sich jedoch, nach Lisas merklicher Reserviertheit zu schließen, vermutlich schon seit einem ganzen halben Jahr näher kennen, bei Johannes allerdings nie auch nur die geringste Spur eines Besuchs zu entdecken war, und sei es ein schwarzes Haar auf dem roten Polstersessel, in dem ich immer sitze, wobei man inzwischen ja bereits in der Vergangenheitsform reden und eigentlich sagen müsste: in dem ich immer saß, nur dass man dort immerhin einen Hauch von Lisas verräterisch stechenden Parfüm hätte erahnen müssen, ganz zu schweigen davon, dass man selbst bei größter Vorsicht einmal etwas liegen lässt, es muss ja nicht gleich ein Ring oder die Handtasche sein.

– »Sie zögern?«
– »Ich weiß es nicht.«
– »Aber Sie scheinen ihn doch bestens zu kennen.«
– »Man kennt sich und kennt sich nicht.«
– »Was heißt das?«

Versuchtes Lächeln, auch meinerseits. Immerhin fragt er mich so inständig nach den anderen, dass ich aus der Schusslinie zu sein scheine. Trotzdem wäre es vielleicht besser gewesen, vorher mit einem Anwalt zu reden, und sei es nur, um zu erfahren, was man alles falsch machen kann, Dinge, von denen Walter keine Ahnung hat.

– »Ich habe Sie etwas gefragt.«
– »Es sei alles eine Frage der Sprache, hat er immer gesagt.«
– »Wie meinen Sie das?«
– »*Er* meint das, nicht ich.«
– »Eine Frage der Sprache?«
– »Ja, eine Frage der Sprache.«
– »Mh.«
– »Es ist mir nur so eingefallen.«
– »Mh.«
– »Vergessen Sie, was ich gesagt habe.«
– »Immerhin ist es Ihnen in den Sinn gekommen.«
– »Ich weiß nicht warum.«
– »Eine Frage der Sprache?«

Ich darf keinen solchen Blödsinn daherreden, obwohl es stimmt, was ich sage, nur dass das hier keine Rolle spielt, es mir aber herausgerutscht ist, ohne Sinn, ohne Ziel, was kaum wundernimmt in einer solchen Situation, zumal dieser Richter wahrscheinlich gerade deshalb, weil er unerfahren ist, bei so gut wie nichts nachgibt, aber trotzdem im Trüben fischt.

– »Können Sie sich darunter etwas vorstellen?«
– »Ich denke, wenn das einer kann, dann müssten das doch Sie sein. Als Jurist sozusagen. Entschuldigen Sie, wenn ich das so sage. Es ist ja nicht mein Geschäft und auch nicht meine Meinung.«

Dass man sich so wenig im Griff haben kann und beinahe pampig wird, ist das Letzte, als gehe es hier nur um ein Geplänkel und nichts weiter. Doch er scheint solche Ausrutscher zu mögen, so beinahe strahlend, wie er mich jetzt anschaut. Vielleicht würde er viel lieber über solche Dinge reden, genauso wie Johannes, nur dass ich dafür der Falsche bin. Immerhin stehe ich, so wie die Sache aussieht, hier überhaupt nicht im Mittelpunkt, weshalb man sich fragen kann, warum sie mich nicht gleich als Zeugen geladen haben und mir stattdessen die Schmach zufügen, seit gestern zu denen zu gehören, die schon einmal im Knast waren.

– »Dass das damals nicht einfach für ihn war, als er vor Gericht gezerrt wurde, können Sie sich ja vorstellen«, versuche ich meinen Ausrutscher in eine andere Richtung umzulenken.
– »Haben Sie den Prozess miterlebt?«
– »Ich war nur ein einziges Mal dabei, schließlich konnte ich nicht einfach die Tankstelle schließen, bloß weil alle dort oben ganz aus dem Häuschen waren und Kameraleute das Dorf belagert haben, ganz abgesehen davon, dass die Öffentlichkeit bei den meisten Sitzungen eh nicht zugelassen wurde.«
– »Sie waren der Besitzer?«

– »Der Besitzer?«
– »Der Besitzer der Tankstelle?«
– »Nein, der Pächter.«
– »Und wovon leben Sie jetzt?«
– »Vom Ersparten.«
– »Seit sieben Jahren?«
– »Seit sieben Jahren.«
– »Sie müssen gut verdient haben.«
– »Ich kann nicht klagen.«
– »Was bei Tankstellen, wie man so hört und liest, keineswegs üblich ist.«
– »Die ganze Welt fuhr durch unser Dorf.«
– »Ist lange her.«
– »Wir brauchen nicht viel zum Leben.«
– »Was heißt wir?«
– »Ich meine: wir Übriggebliebenen.«
– »Zu denen auch Frau Schindler und Herr Schöller gehören.«
– »Damals kam ja alles zusammen: die Einweihung der Brücke und diese Geschichte mit dem Pfarrer.«
– »Sie haben mit ihm sicherlich noch oft darüber geredet.«
– »Eigentlich nicht.«
– »Was heißt: eigentlich?«
– »Es war kein Thema für ihn.«
– »Was man sich kaum vorstellen kann.«
– »Ich habe ihn anfangs noch ab und zu daraufhin angesprochen, aber –«
– »Aber?«
– »Er gab mir das Gefühl, dass das eher mein Problem ist als seines.«

Warum sage ich das, zumal es viel zu sehr mich selbst ins Spiel bringt? Wir hätten, genau so, wie wir es gemacht haben, dort oben leben und trotzdem etwas anderes daraus machen können, und sei es, dass wir ins Windradgeschäft eingestiegen wären, was nicht viel gekostet, uns aber sofort eine Art von Wichtigkeit verliehen hätte, bei allem Blödsinn, was die Verschandelung der Landschaft anbelangt, man damit jedoch so etwas wie einen Starrsinn für die richtige Sache zur Schau hätte stellen können, einen Starrsinn, über den man daheim schamlos spotten würde, und trotzdem zu den Guten gehörte, ganz zu schweigen von den Einnahmen, die mir trotz der lächerlichen Summen, die dabei herausspringen, jetzt vor Gericht gelegen kommen könnten, zumal ich mich vor diesem Richter als jemand ausgeben könnte, der die Rettung der Menschheit im Auge hat, was schließlich erklären würde, warum ich auf dem Land lebe und das als Auftrag empfinde, so wie damals, als wir noch an ganz andere Legenden glaubten und zu irgendwelchen Ursprüngen zurückwollten und uns jeden Morgen Häuptling Seattle mit der Frage auf dem Kühlschrank begrüßte: »Wie kann man den Himmel kaufen?«, als hätte das je einer behauptet, nur dass uns bei solchen Sätzen eine Wärme durchströmte, die jedes Denken ersetzte, und zwar über Jahre hinweg, als sei man gerade in jenen Zeiten, da man besonders radikal sein wollte, erstaunlich stumpf und dumpf geworden.

– »Es hat doch sein ganzes Leben verändert.«
– »Ja.«
– »Und wie erklären Sie sich das?«
– »Es ist mir auch ein Rätsel.«

– »Aber Sie müssen doch mit ihm darüber geredet haben.«
– »Als ich ihn, was inzwischen Jahre her ist, zum letzten Mal fragte, ob in ihm tatsächlich nicht die geringsten Rachegefühle rumoren, lachte er nur und sagte: ›Manchmal würde ich diese Leute am liebsten totbeten.‹«
– »Totbeten?«

Lächeln. Die beiden Polizisten schauen jetzt nicht mehr zum Fenster hinaus. Im Grunde könnte ich, sozusagen aus Rache für das, was er mir angetan hat, aus dem Pfarrer jetzt ein Monster machen, dem man das Monster nicht anmerkt.

– »Was meinte er mit Totbeten?«
– »Ich weiß es nicht.«
– »Und das ist alles, was er in diesem Zusammenhang von sich gegeben hat?«
– »Er hat ja selbst darüber gelacht.«
– »Gab es da, sagen wir, okkultistische Neigungen?«
– »Wie meinen Sie das?«
– »So wie ich es sage.«

Kopfschütteln. Zwei Klopfer an der Tür, so vorsichtig, als traue sich der Anklopfende kaum anzuklopfen. Herr Seidel reagiert nicht. Die Tür geht auf, ein grauer Frauenschopf schaut herein, Herr Seidel winkt ab, und zwar derart entschieden mit zusammengepresstem Mund, als stehe mit einer solchen Störung das ganze Verhör auf dem Spiel. Die Tür wird daraufhin so vorsichtig zugemacht, dass wir gar nicht anders können, als auf sie zu starren, alle gleichzeitig, vollkommen gebannt, wie lange es noch dauern wird, bis sie tatsächlich zuschnappt und die Klinke zum Stehen kommt, zuvor jedoch eine stumme Ewigkeit vergeht, die immer wieder von einem rostig klingenden Knarren und Knacken unterbrochen wird, das die Frau hinter der Tür dadurch unterbinden zu können hofft, dass sie die Zeitlupe, in der es geschieht, schier bis zum Stillstand treibt, was das Ganze in ein wahres Drama verwandelt, in dem wir Beteiligte und Zuschauer zugleich sind, nur dass, je länger es sich hinzieht, unser stilles Staunen zunehmend in stummes Lachen umkippt, bei dem sich nicht nur der Richter, sondern wir alle uns auf die Lippen beißen, wie eine verschworene Bubenbande, wodurch sogar aus dem Zwerg kurz eine Art Kumpel wird. Als alles vorbei ist und wir uns bereits wieder einander zugedreht haben, wird mit einer derart rasanten Entschiedenheit der Schlüssel umgedreht, dass es etwas Maliziöses an sich hat und man sich wie für immer eingeschlossen vorkommt.

– »Okkultistische Neigungen, haben Sie gesagt?«, nehme ich, als mache unser Zusammensitzen inzwischen fast Spaß, den Faden wieder auf, nachdem dieses Theater mit der Tür endgültig ein Ende hat.
– »Ich meine, vielleicht hat er ja gehofft, dass man sich anders als durch brutale Taten rächen kann.«
– »Ich sage doch, er hat selbst darüber gelacht und auch ein paarmal gemeint, er habe keine Lust, den Rest seines Lebens in Verbiesterung zu verbringen, nur weil wir alle Sünder seien.«
– »Warum hat er sich dann zurückgezogen?«
– »Das frage ich mich seit Jahren.«
– »Und Sie haben keine Antwort darauf?«

– »Vermutlich war er immer schon eigen, auch damals, als er noch Pfarrer war.«
– »Was heißt das?«
– »Ich weiß es nicht.«
– »Es war doch nicht die Kirche, die ihm etwas angetan hat.«
– »Nein.«
– »Es war diese Frau.«
– »Welche Frau?«
– »Das wissen Sie ganz genau.«
– »Es gab zwei Frauen: die Aushilfskindergärtnerin und die Mutter dieser Kinder.«
– »Wir reden hier nur von der Mutter.«
– »Die andere hat es aber angezettelt.«
– »Sieht das Herr Schöller genauso?«
– »Er wollte von dieser Sache nichts mehr wissen.«
– »Immerhin musste er den Vorsatz fassen, sein Leben, wie Sie formulieren, nicht in Verbiesterung zu verbringen.«
– »Das hat *er* gesagt.«
– »Nur dass so etwas wie Rachsucht und Verbitterung eigentlich nähergelegen wäre.«
– »Immerhin ist er freigesprochen worden.«
– »Was aber sein Leben, wenn man so will, trotzdem in eine Richtung gedrängt hat, die – wie soll ich sagen? – den meisten Leuten nicht gerade als etwas Wünschenswertes erscheint.«
– »Das behaupten Sie!«
– »Vollkommener Rückzug?! Abkehr von der Welt?!«
– »Kommt darauf an, wie man es sieht.«
– »Sie meinen, er hat es unabhängig von dieser Geschichte so gewollt?«

– »Sicherlich nicht unabhängig davon, doch vielleicht musste es ja irgendwann so weit kommen. Vielleicht hätte auch ein anderer Anlass genügt.«

– »Nun war es aber einmal dieser und kein anderer!«

– »So ist es.«

– »Und dieser spezielle Anlass würde, trotz dieses Freispruchs, doch in jedem von uns, um es einmal möglichst neutral zu sagen, gewisse Erschütterungen hervorrufen.«

– »Gewiss.«

– »Und zu diesen Erschütterungen würden neben solchen Gefühlen wie Scham und Verzweiflung doch sicherlich auch solche wie Wut oder sogar Hass gehören.«

– »Vermutlich.«

– »Und nichts davon soll bei Ihrem Freund, Herrn Schöller, zu spüren gewesen sein?«

– »Er wolle nicht wie Hiob mit Gott und der Welt hadern, hat er gesagt.«

– »Also haben Sie doch öfters darüber geredet.«

– »Nein.«

– »Nur dass vor drei Tagen etwas dazwischenkam und er in Ihrem Beisein das gemacht hat, worauf er vermutlich seit sieben Jahren gewartet hat, ohne vielleicht zu wissen, dass er darauf wartet.«

– »Ich weiß nicht, wovon Sie reden.«

– »Wann haben Sie Frau Schindler zuletzt gesehen?«

– »Frau Schindler?«

– »Ja, Frau Schindler.«

– »Ich sehe sie so gut wie jeden Tag.«

– »Wann genau zuletzt?«

– »Heute haben wir Dienstag, also muss es Freitag gewesen sein.«

– »Was haben Sie gemacht?«
– »Gefrühstückt.«
– »Gefrühstückt?«
– »Ja, gefrühstückt, wie wir das öfters zusammen machen.«
– »Sie gingen zu ihr zum Frühstücken?«
– »Nein, sie kam zu mir.«
– »Um wieviel Uhr?«
– »Gegen elf?«
– »Frühstück um elf?«
– »Um elf.«
– »Mh. Und am Samstag haben Sie nicht mit ihr gefrühstückt?«
– »Nein.«
– »Warum nicht?«
– »Weil wir nicht jeden Tag miteinander frühstücken.«
– »Haben Sie eine Ahnung, wo sie sich jetzt befinden könnte?«

Kopfschütteln. Er lächelt. Ich kann nicht zurücklächeln. Sollte man mich hierbehalten, könnte ich um Mikadostäbchen bitten. Mit Mikado haben wir uns von uns selbst abgelenkt, ohne dass je einer ein schlechter Verlierer gewesen wäre, weder Lisa noch ich, schließlich wäre es läppisch, ausgerechnet bei Mikado den schlechten Verlierer zu geben. Im Grunde sind wir beide viel zu zittrig, um gut Mikado zu spielen, zumal es mit den Jahren immer schlimmer wurde, das Spiel aber bis heute im Regal über dem Tresen steht, neben dem Knobelbecher und einem Satz Karten. Ganz abgesehen davon, dass Spiele etwas Fades kriegen, wenn man mit ihnen bloß die Zeit totschlagen will. Im Gefängnis allerdings könnte ich es mit mir allein spielen, so wie Schach, wichtig wäre ja nur, dass man sich auf etwas konzentriert und dabei nicht an sich denkt.

– »Ich habe Sie etwas gefragt.«
– »Nein.«
– »Was heißt nein?«
– »Ich weiß nicht, wo sie sein könnte.«
– »Verwandte?«
– »Nein.«
– »Sie hat keine Verwandten?«
– »Doch, einen Bruder.«
– »Und dieser Bruder lebt wo?«
– »Sie hat lange nichts von ihm gehört. Zuletzt beim Tod ihrer Mutter, was jetzt auch schon an die sieben Jahre her ist.«
– »Und wo war er damals?«
– »In Südamerika.«
– »In Südamerika!?«

Ich muss mich mit genaueren Angaben zurückhalten, zumal es genauere Angaben auch selten gab und manchmal nur Adressen im Umlauf waren, über die man ihn auf Umwegen erreichen konnte, obwohl er, soweit es Lisa bekannt ist, nie fliehen musste, zumindest nicht vor dem Gesetz, und es von ihm immer mit einem Kopfschütteln hieß, dass er ein Abenteurer ist, wobei dieses Kopfschütteln alles Mögliche ausdrückte, manchmal sogar ein bisschen Bewunderung, nur dass das hier jetzt alles keine Rolle zu spielen hat und ich das Stichwort Südamerika besser gar nicht erst in den Mund genommen hätte, zumal ich mit Valparaiso nicht nur einen Ort, sondern eine Idee verriete, eine

Idee, die selbst mir diese Jahre erträglicher machte, obwohl mir der Gedanke, dorthin aufzubrechen, immer absurd vorkommen wollte, dabei aber trotzdem ab und zu so etwas wie eine verleugnete Hoffnung aufzuleuchten begann, eine Hoffnung, die ich für reinen Spleen hielt, mir aber dennoch das Gefühl gab, dass unser leeres Dahinleben in einem Kaff am Rand des Schwarzwalds vielleicht doch noch auf etwas zutreiben könnte.

Dass Johannes Flugangst hat, verrate ich hier nicht, obwohl es mir auf den Lippen liegt, als könne ich damit meinen Willen zum Kooperativsein kundtun, nur dass damit unnötige Fährten gelegt würden, zumal die beiden vielleicht überhaupt nicht an Valparaiso denken, sie aber womöglich auch gerade im Flieger sitzen, wo Lisa ihm Händchen hält, was er in dieser Anspannung kaum ertragen kann, es jedoch nicht sagen darf, da er auf sie angewiesen ist und so versteinert, wie er dasitzt, alle Kräfte zusammennehmen muss, um nicht auf einmal loszuschreien, wovon Lisa noch gar nichts ahnt, weil sie meint, es sei nur die Flugangst, nur dass diese Panik längst von einem Groll überlagert wird, der sie fast schon zum Verschwinden bringt, was die Dinge keineswegs einfacher macht, da man in solchen Zuständen selbst nicht mehr weiß, was eigentlich mit einem los ist, und nur noch weg will, jedoch in einem Käfig sitzt und zudem fürchten muss, dass einen bei der Ankunft eine Schar ziviler Beamter einkreist.

– »Können Sie dazu etwas Genaueres sagen?«
– »Nein.«
– »Was heißt: nein?«
– »Ich weiß nichts.«

– »Sie wissen nichts, obwohl Sie mit Frau Schindler zusammen sind?«
– »Wir sind nicht mehr zusammen.«
– »Ich dachte, Sie wissen es nicht.«
– »Was?«
– »Ob Sie noch zusammen sind oder nicht.«

Langsam scheint er übermütig, ja fast frech zu werden, dieser Student, dessen Haarschnitt so geschniegelt aussieht, als sei er noch bei Mutter daheim, nur dass man bei einem solchen Umsorgtsein umso vehementer zeigen will, wie qualifiziert man ist, zumal er ja noch allen beweisen muss, dass er seinen Weg machen wird, einen Weg, für den wir damals nur Hohn und Spott übrig hatten.

– »Warum antworten Sie nicht?«
– »Was?«
– »Verwandte, Freunde, Bekannte? Frau Schindlers Bruder in Südamerika.«
– »Ich kenne ihn nicht.«
– »Aber Sie wissen, wo er lebt?«
– »Nicht einmal Lisa weiß es.«
– »Die beiden haben keinen Kontakt?«
– »Eigentlich nicht.«
– »Was heißt eigentlich?«
– »Am Tresen hängt eine Karte von ihm. Sie dürfte an die zehn Jahre alt sein.«
– »Eine Karte woher?«
– »Eine Karte mit einer Stadt am Meer.«
– »Auf Ansichtskarten steht in aller Regel der Ort, um den es sich handelt.«

– »Vor zwanzig Jahren hat er angeheuert und mal von da, mal von dort eine Karte geschickt.«
– »Angeheuert?«
– »Ich weiß es nicht.«
– »Wie lange waren Sie mit Frau Schindler zusammen?«
– »Ich weiß es nicht, weil wir nie wussten, ob wir eigentlich noch zusammen sind.«
– »Ungefähr?«
– »Was?«
– »Über den Daumen gepeilt?«
– »Acht Jahre, mit allem Hin und Her.«
– »Und nach acht Jahren wissen Sie immer noch nicht, wann und wohin ihr Bruder aufgebrochen ist?«

Ein Mordsgeschrei setzt ein, mit einem Schlag, als sei, ganz ohne jede Vorwarnung, zwischen Heerscharen von Vögeln Krieg ausgebrochen, nur dass wir keinen einzigen zu Gesicht kriegen und bloß ein paar Äste nachzittern, in denen sie sich verfolgt haben müssen, wie bei mir daheim im Garten hinten, in dem vor wenigen Wochen nach einem Kampf, der mich weiß Gott wie früh aufgeweckt und eine ganze Stunde gedauert hat, an einem Sonntagmorgen eine Elster tot im Gras lag. Gestern morgen, als sie mich abholen kamen, las ich gerade in der Zeitung, Tiere sähen die Welt in anderen Farben, als trügen sie rote, gelbe und blaue Brillen, mit denen sich ihnen Dinge zeigten, die uns verborgen blieben, Muster, Zeichen, Bilder, Spuren, lauter Phänomene und Hinweise, die offen zutage lägen, aber eben nicht für aller Augen.

– »Ich weiß nicht, was das hier für eine Rolle spielt.«
– »Das können Sie ruhig mir überlassen.«

Es kann nicht seine erste Vernehmung sein. So fährt man nicht dazwischen, wenn es bloß darauf ankommt, ein paar Fragen zu stellen, die auf die Schnelle ein Bild vom Beschuldigten und von der Sache ergeben sollen, zumindest nicht, wenn einer Anfänger ist, außer er hat zu viele Filme gesehen. Vom Krächzen der Krähen ist nichts mehr zu hören.

– »Und Herr Schöller?«
– »Herr Schöller?«
– »Verwandte, Freunde, Bekannte?«
– »Sie wissen ja, er ist ein Einsiedler. Ein Einsiedler ohne Mönchskutte.«
– »Und davon kann man leben?«
– »Von der Kirche bekommt er eine Rente.«
– »Obwohl er aus freien Stücken aus seinem Beruf ausgeschieden ist?«
– »Ich weiß nicht, ob man bei einem Pfarrer von Beruf reden kann.«
– »Immerhin hat er sein Geld damit verdient.«

Ich darf jetzt nicht schon wieder fragen, was das hier für eine Rolle spielen soll, zumal es mir nur recht sein kann, wenn dieses Thema zügig beendet wird. Was das eine mit dem anderen zu tun hat, mag begreifen, wer will, doch es sieht danach aus, als wolle dieser Mensch in allem und jedem herumstochern, was ein Zeichen von Ratlosigkeit sein kann, schlimmstenfalls aber auch auf einen Rundumschlag hinausläuft, mit dem alles auffliegt, sogar das, was damit überhaupt nichts zu tun hat. Dabei wollte ich heute meine Küche weißeln, das allererste Mal seit meinem Einzug, obwohl es schon damals nichts geschadet hätte, zumal Lisa mir das Haus bloß deshalb halb geschenkt überließ, weil es für sie nur eine Last gewesen und ihr Erbe sonst zur Hälfte mit Renovierungen draufgegangen wäre. Die Kübel stehen seit Samstag in der Speisekammer, nur dass die Böcke nach wie vor bei Johannes draußen sind, seit damals, als ich ihm vor seinem Einzug das Bahnwärterhäuschen frisch gestrichen und die Pergola von oben bis unten neu gebaut habe, während er ganze Stunden hilflos dabeistand und meinte, mir helfen zu müssen, man innerlich aber nur den Kopf schütteln konnte ob seiner zwei linken Hände, was er auch selber wusste und deshalb immer Bier holen ging, obwohl er sich zu dieser Zeit kaum noch ins Dorf traute, zumal ja alle noch da waren, die Anstifterin aus dem Nachbarort, die Kinder, die Mutter und jenes Heer aus Erzürnten, für die er bloß noch das Schwein gewesen war, nur dass sich inzwischen eigentlich seine Ankläger hätten schämen müssen, wovon man jedoch wenig mitbekam, zumal es nach dem Freispruch immer noch hieß, Übervorsicht sei besser als Nachsicht, was zwar niemand ernstlich bestreiten möchte, diese Leute jedoch hätten Größe zeigen und sich bei ihm, sei es offiziell oder persönlich, entschuldigen oder, wie man so sagt, wenigstens ein Wort des Bedauerns äußern können. Doch nichts davon, nichts und wieder nichts, was natürlich trotzdem nichts von dem, was jetzt passiert ist, rechtfertigen kann, auch nicht, dass er mich mit Lisa betrügt, was angesichts dessen, was hier verhandelt wird, allerdings eine Lappalie ist, auch wenn es sich für mich ganz anders darstellt, woran auch nichts ändert, dass Lisa und ich seit Jahren ein wackliges Paar sind, was dabei überhaupt keine Rolle zu spielen und Johannes nicht das Geringste anzugehen hat, schließlich habe ich ihm von uns beiden nur deshalb so unumwunden erzählt, weil er für mich immer noch so etwas wie ein Pfarrer war, ein Pfarrer, mit dem man offen reden kann, ohne dass es gleich etwas mit einer Beichte zu tun hat, zumal es ja nicht um Sünden ging und ich eh nicht richtig weiß, was man mit dem Begriff Sünde anfangen soll, zumal einem dieses Wort reichlich muffig vorkommt und etwas Stickiges an sich hat, wie aus einer anderen Welt, auch wenn wir wissen, was damit gemeint ist, ich jedoch eher von Schuld sprechen würde, was aber genau genommen nicht das Gleiche ist, zumindest nicht in jedem Fall, nur dass es mir am Ende egal sein kann, wie man es nennt.

– »Können Sie mir nicht sagen, was eigentlich los ist?«, versuche ich Herrn Seidel zum Reden zu bringen.
– »Das wollte ich Sie fragen.«
– »Erklären Sie es mir bitte!«
– »Vermutlich wissen Sie mehr als ich.«

Ob er genauso wie ich das Gefühl hat, auf der Stelle zu treten, allerdings nichts in der Hand hat, mich aber auch nicht laufen lassen will? Wie man bloß, frage ich mich, solche Blumengemälde mögen kann, Blumengemälde wie aus Omas Zeiten, nur ein bisschen knalliger, als hätte van Gogh ein wenig nachgeholfen, was an ihrer Biederkeit nicht viel ändert. Jetzt erst fällt ihm ein, dass er vergessen hat, uns Kaffee anzubieten, die beiden neben mir aber schon die ganze Zeit darauf gewartet zu haben scheinen, so schnell wie sie zugreifen, ich jedoch ablehne, da meine Hände zittern könnten und Herr Seidel auch keinen nimmt, uns jedoch gleich mehrfach auffordert, uns zu bedienen, obwohl die beiden sich sofort einen nehmen und mir ausgerechnet der Muskelmann ganz ungefragt eine Tasse eingießt, und zwar mit einem Lächeln, als finde er mich inzwischen ganz nett, während der andere keine Miene verzieht. Milch lehne ich allerdings ab, auch Zucker, obwohl ich ihn sonst immer mit Milch und Zucker trinke, doch hier drinnen wächst sich alles ins Bedeutsame aus, weshalb es besser ist, jede noch so kleine Aktion zu vermeiden, und sei es das Herumzupfen an einem Milchdöschen, dessen Deckel sich anfangs oft kaum öffnen lässt, mit allen Folgen, die sich ergeben können, wenn man dann entschiedener, um nicht zu sagen rabiat wird.

Wolken ziehen vorüber heißt ein Film, den Lisa überhaupt nicht, ich aber umso lieber mochte: vergilbte Tapeten, ödes Wetter, kaum noch Gäste, der Blick zum Fenster hinaus, ob vielleicht wieder einmal einer vorbeikommt. Das alles war zuletzt nicht mehr viel anders im *Löwen*, was Grund genug ist, dass sie sich so etwas nicht auch noch im Kino anschauen wollte, obwohl bereits der Titel etwas Beruhigendes ausstrahlt, etwas Beruhigendes, das auch trostlos sein kann, nur dass dieses Trostlose durch einen solchen Titel wieder etwas Beruhigendes bekommt und er es in etwas fast Heiteres verwandelt, wobei es natürlich ein Unterschied ist, ob im Kino Leute sinnlos zum Fenster hinausstieren oder ob man es selber tut. *All you can eat* hat Lisa irgendwann auf ein Transparent geschrieben, das ich über dem Biergarteneingang anbringen musste, nur dass das dann endgültig der Anfang vom Ende war.

– »Was lächeln Sie vor sich hin?«, fragt Herr Seidel, der sich ein wenig zu mir herübergebeugt hat, als schaue er mir schon eine ganze Weile beim Träumen zu.
– »Habe ich gelächelt?«
– »Wollen Sie nichts mehr sagen?«
– »Das war doch ein Witz!«
– »Was war ein Witz?«
– »Das mit dem Totbeten.«
– »Immerhin ist jetzt etwas geschehen, das nicht mehr zum Lachen ist.«
– »Damit habe ich nichts zu tun.«
– »Also wissen Sie, worum es geht.«
– »Ich weiß nur, dass die beiden verschwunden sind, weshalb ich ja hier sitze und Ihnen auch gerne weiterhelfen würde, aber beim besten Willen nicht weiß, wohin sie geflohen sind.«
– »Immerhin wissen Sie, dass es sich um keinen Wochenendausflug handelt.«
– »Ich weiß es, weil ich hierhergebracht worden bin und man mir natürlich gesagt hat, dass etwas Schlimmes passiert ist, nur dass ich nicht weiterhelfen kann, solange mir keiner sagt, worum es sich handelt.«
– »Warum, denken Sie, sind Sie hier?«
– »Weil man mich beim Zigarettenholen gesehen und sich gedacht hat, der weiß mehr, als ihm lieb ist, nur dass ich selbst gerne wüsste, was man mir da alles an Wissen andichtet.«

– »Was hat Johannes Schöller denn den ganzen Tag gemacht?«
– »Sie meinen letzten Samstag oder überhaupt?«
– »Ganz generell.«
– »Das weiß ich nicht im Einzelnen.«
– »Aber Sie waren doch immer wieder bei ihm.«
– »Abends ja, tagsüber nicht.«
– »Tagsüber nie?«
– »Ganz selten nur.«
– »Und wenn es doch vorkam?«
– »Dann saßen wir wie abends beim Wein zusammen und haben Musik gehört, nur eben schon nachmittags.«

Ich solle nicht die Arme verschränken, das wirke abweisend, hat Walter gemeint. Warum der Kraftzwerg inzwischen wieder die Stirn runzelt, weiß ich nicht. Dass sogenannte Autoritätspersonen wie dieser Richter inzwischen viel jünger sind als ich, stellt die Welt auf den Kopf. Im Grunde konnte ich mir so etwas nie vorstellen. Da waren wir immer gegen alle, zu denen man aufblicken musste, und jetzt könnten es die eigenen Kinder sein, ohne dass man selbst je einer von denen gewesen wäre, vor denen die Leute hätten Respekt haben müssen.

– »Aber Sie müssen doch eine Ahnung haben, was er mit seiner vielen Zeit gemacht hat.«
– »Das habe ich mich auch manchmal gefragt, aber wissen Sie, mir geht es ja nicht anders, seit unser Dorf von der Welt abgeschnitten ist und meine Tankstelle sich in eine Art Museum verwandelt hat, ähnlich wie auf amerikanischen Postkarten aus der Prärie, die verwaiste, verrostete,

in der Landschaft verlorene Tankstellen zeigen, nur dass bei mir nicht noch an einem Wellblechschuppen ein ausgeblichenes Cola-Schild hängt, es aber mit den herabgebrochenen Vordächern und zerdellten Zapfsäulen ganz ähnlich aussieht, eine Tankstelle irgendwo in der Pampa, die in ihrer anrührenden Erbärmlichkeit fast etwas Menschliches kriegt, nur dass so etwas auf Postkarten natürlich viel mehr hermacht, als wenn man tatsächlich vor einem solchen Schrottkasten steht, ich mich jedoch dagegen gewehrt habe, dass das abgebaut wird, was ein regelrechter Kampf gegen einen schier allmächtigen Konzern war, einen Konzern, der auf Teufel komm raus verhindern wollte, dass sein großmächtiger Name mit Zerfall und Niedergang in Verbindung gebracht wird, sodass es beinahe zum Prozess gekommen wäre, den ich natürlich gnadenlos verloren hätte, wäre mir nicht die Idee gekommen, ihnen vorzuschlagen, daraus ein Straßencafé zu machen, ein Straßencafé mit blitzblank herausgeputzten Zapfsäulen und Leuchtreklame, was sie tatsächlich akzeptiert haben, worauf wir den *Löwen* gleichsam auf die andere Straßenseite hinüber erweiterten, nur dass dann halt, was ja kein Wunder war, die Leute ausblieben, zumal von denen, die da auf der Brücke über uns hinwegrauschen, eh keiner merkt, dass darunter ein Dorf liegt.«

– »Und dann?«

– »Wir sind so etwas wie Frührentner geworden. Da nimmt man sich dies und jenes vor, aber mit Frühstücken, Zeitunglesen, in den Supermarkt fahren, einen Mittagsschlaf machen, Kochen und Abendessen geht der Tag schneller vorbei, als man denkt.«

– »Aber der Pfarrer hat, wie man bei Ihnen heraushören kann, sein Bahnwärterhäuschen so gut wie nie verlassen.«
– »Er werkelt im Garten, steckt Zwiebeln, rupft Unkraut, stutzt Rosen.«
– »An eine Rückkehr in die Kirche hat er nie mehr gedacht?«
– »Er ist nie ausgetreten.«
– »Ich meine, als Priester.«
– »Er hat immer Bibeln miteinander verglichen.«
– »Miteinander verglichen?«
– »Ja.«
– »Was kann man da miteinander vergleichen?«
– »Im einen Fall ist von Sandalen, im andern von Schuhen die Rede.«
– »Mh.«
– »Im einen vom Sturmwind, im andern vom Odem.«
– »Mh.«
– »Man darf das nicht auf die leichte Schulter nehmen.«
– »Wie meinen Sie das?«
– »Das meint *er*, nicht ich. Schließlich sei es ein Unterschied, ob von Heilung oder Vergebung die Rede ist.«
– »Mh.«
– »Das müssten Sie als Jurist, wo es doch auch auf jedes Jota ankommt, eigentlich bestens nachvollziehen können.«
– »Den ganzen Tag, über Jahre hinweg?«
– »Was?«
– »Hat er über diese ganzen Jahre hinweg nichts als Bibeln miteinander verglichen?«
– »Sie sagen es.«

– »Wozu?«
– »Warum nicht!«
– »Dann ist er also eine Art Privatgelehrter?«
– »Vielleicht hat er auch einfach die Zeit damit totschlagen wollen.«
– »Das eine muss dem andern nicht widersprechen.«
– »Sie sagen es.«

Schulterzucken. Der Kaffee wird inzwischen kalt sein. Ich lasse ihn einfach stehen, in der Hoffnung, dass man es mir nicht als Unhöflichkeit auslegt. Herr Seidel spult das Tonband zurück. Wir hören uns alles noch einmal an. Herr Seidel schaut mich dabei kein einziges Mal an, sondern zum Fenster hinübergewandt vor sich hin. Ich könne mich korrigieren, falls etwas nicht stimme, hat er gesagt. Wir müssen uns, so knapp unter den Baumkronen, im obersten Stock befinden, wo Elstern ihre Nester bauen und mit den Krähen ums Vorrecht kämpfen. Wollte einer, der wie ich jetzt hier sitzt, sich umbringen, könnte er auf eines der Fenster zurennen, es aufreißen und sich hinabstürzen, was rasend schnell gehen müsste, jedoch selbst dann nicht sicher wäre, dass er es schafft, da er schlimmstenfalls im Geäst hängen bliebe.

Nichts Schöneres, als wenn nach Regentagen die Bäume in der nächtlichen Stille nachtropfen. Es kommt mir heute wie Sonntag vor, zumal von hier oben genausowenig Straßengeräusche zu hören sind wie in der Zelle, als seien wir fernab der Stadt, draußen auf dem Land, wo inmitten von Ulmen ein Gerichtsgebäude aufragt, das wie unser Dorf von der Welt abgeschnitten ist. Ob ich dem Ganzen noch etwas hinzuzufügen oder etwas zu berichtigen habe, fragt

Herr Seidel zum Schluss. Kopfschütteln. Unter der Auflage, mich täglich bis zwölf Uhr mittags auf der nächstgelegenen Polizeistation zu melden, ordnet er meine Freilassung an, packt seine Papiere zusammen, stopft sie in die Aktenmappe, schüttelt mir im Vorbeigehen die Hand, lächelt sein Bubenlächeln und will zur anderen Tür hinaus, die aber verschlossen ist, weshalb er die unsere nimmt und mir beim Hinauseilen noch einmal zugrinst.

Bei der Ankunft gestern hatte ich die Efeumauer, die Buchsbaumhecke, die Allee und den Neubau dem Gefängniseingang gegenüber gar nicht wahrgenommen, einen Neubau mit gläserner Vorhalle, auf der silbrig leuchtend *Hauptzollamt* steht, daneben die Deutschlandflagge auf Halbmast, als müsse jemand Wichtiges gestorben oder etwas Schlimmes passiert sein, etwas, das mit uns nichts zu tun haben kann, so wichtig sind wir schließlich auch wieder nicht, wie furchtbar es auch sein mag, nur dass diese Frau ja offensichtlich noch lebt und vermutlich bis ins Kleinste erzählt hat, wie ich da aufgetaucht bin, mich dieser Richter jedoch trotzdem laufen ließ, was wiederum gegen eine solche Vermutung spricht, zumal man mich sonst hätte anklagen müssen, wozu es jedoch nicht gekommen ist.

In den kleinen Backsteinhäusern auf der anderen Straßenseite, die an Modelleisenbahnen erinnern, hat früher wahrscheinlich das Wachpersonal gewohnt, falls es nicht noch immer so ist, was heißt, dass es für diese Leute zum Knast hinüber nur ein Katzensprung ist und sie von ihrer Stube aus jahrein, jahraus auf vergitterte Fenster blicken und zwischen den Insassen und ihnen irgendwann die Grenzen verschwimmen, zumal eine Uniform ja nichts grundsätzlich anderes als Knastkleidung ist, nur dass die einen mit Woytek, Hani und Mohamed zusammengepfercht sind und die andern in ihrem eigenen Bett schlafen können.

Wo die Kinder für den benachbarten Spielplatz herkommen sollen, fragt man sich in einer Gegend, die aus einem Gefängnis, einem Dutzend Wärterhäuschen und einem Zollamt besteht, das von glatt rasierten Rasenflächen umgeben ist, aus denen ein verrostetes Stahlskelett aufragt, das an einen verbogenen Schraubenzieher erinnert, Kunst am Bau, wie sich solche Dinge nennen, von denen auch ein paar auf Kerrs Fuhrpark herumstehen, nur dass bei ihm diese Gestänge und Röhren wenigstens bunt angemalt sind, was die Sache zwar nicht viel besser macht, aber immerhin nicht ganz so trist aussieht.

Ich müsse einfach rechts hoch, da laufe man gut zwanzig Minuten und sei dann mitten in der Stadt, von wo es zum Bahnhof auch nicht mehr weit sei, verabschiedete mich der Beamte hinter dem Glasfenster und fuchtelte mit den Armen in der Luft herum, als sei es eigentlich egal, welche Richtung man einschlägt, womit er ja nicht unrecht hat, zumindest wenn man froh sein kann, überhaupt wieder draußen zu sein, nur dass ich im Moment überhaupt nicht weiß, was ich tun soll, außer Kaffee trinken oder sich ein Bier gönnen, wozu es allerdings noch ein bisschen früh ist und es bei einem einzigen wahrscheinlich nicht bliebe, ich mich jedoch zusammenhalten sollte, bis tatsächlich sicher ist, dass man mir nichts mehr anhängen will, obwohl es ja seit heute Morgen wieder ganz gut für mich aussieht, was andererseits reichlich wenig bedeutet, schließlich hat dieser Jungrichter mit keinem einzigen Satz angedeutet, wo diese Frau sich befindet und wie es ihr geht, und auch nicht, ob sie mich erkannt hat, was eigentlich naheliegt, außer sie wäre derart weggetreten gewesen, dass sie nichts mehr richtig wahrgenommen hat, zumal dieser Blick etwas unendlich Abwesendes hatte, als sehe sie etwas ganz anderes als das, was sich in Wirklichkeit vor ihr abspielt, was keineswegs ausschließt, dass sie mich trotzdem erkannt, dabei aber hoffentlich auch gemerkt hat, wie ich ihr im Grunde helfen wollte, nur dass mir das jetzt auch nicht weiterhilft und ich, anstatt mir ständig auszumalen, wie es für sie gewesen sein könnte, einfach essen gehen und an etwas anderes denken sollte. Immerhin lebt sie noch, weshalb alles nicht so schlimm ist, obwohl gerade das für mich nichts Gutes zu bedeuten hat, man mir vor Gericht jedoch zugutehalten müsste, dass ich immerhin die Polizei benachrichtigt habe, wenn auch nur indirekt, was sich jedoch beweisen lässt, auch wenn es ein bisschen spät geschah, was allemal besser war, als gar nichts zu tun.

Als seien diese Häuschen tatsächlich solchen von Modelleisenbahnen nachgebildet, mit ihrer Backsteinniedlichkeit, den grünen Läden und Lattenzäunen, sind die Fenster auch noch mit bestickten Gardinen behängt, wie man es selbst in Dornbach nirgends mehr sieht. Fehlt nur noch, dass eine Kuckucksuhr aus ihnen heraustönt und eine Oma mit Dutt herausguckt, sodass man vollends meinen könnte, die ganze Straße habe sich längst in ein Museum verwandelt, obwohl sie selbst bei schönem Wetter etwas Verhangenes hat, jedoch von oben bis unten wie unbewohnt wirkt, was allerdings kaum der Fall sein kann, so viele Blumensimse und blühende Vorgärten, wie es hier gibt, Gärten mit Astern in allen Farben, mit Wicken und Winden und sogar noch Rosen, als wolle der Sommer in diesem Jahr tatsächlich nicht enden. Erstaunlich, wie wenig selbst hier draußen etwas vom Verkehr zu hören ist, als glitten die Autos auf der größeren Straße am Ende der Allee fast lautlos vorüber. Trotz der Wohnblocks, die sich noch eine Weile hinziehen, wirkt die Gegend auch auf dem weiteren Weg wie ausgestorben, nur dass es sogar eine paar offene Läden gibt, ganz zu schweigen von dem Kiosk, durch dessen Luke mir ein Grauhaariger so schamlos nachglotzt, als denke er: Aha, das ist also auch einer aus dem Knast, den man gerade entlassen hat! Aus dem Auge verliert er mich erst bei der Eisenbahnbrücke, die sicherlich seit Jahren keinen Zug mehr gesehen und deren Gemäuer sich in eine Wildnis verwandelt hat, eine Wildnis aus Unkraut und Sträuchern, die es von innen her aufbrechen und vermutlich irgendwann auch noch den Telegrafenmast auf der Böschung einstürzen lassen, ein morscher Mast aus Holz, ohne alle Leitungen, reichlich verloren, Aussichtsplatz einer Krähe, die immer wieder den Kopf zurückwirft und dabei jedes Mal drei heisere Kraah-Kraah-Kraah zum Himmel hinaufschickt, wobei man sich fragt, wer ihr Adressat ist, so einsam, wie sie hier sitzt und vielleicht sogar mich meint, nur dass mir nicht klar ist, ob sie mich begrüßen, verscheuchen oder verraten will, mich jedoch, während ich weitertrotte und noch ein paarmal zurückschaue, überhaupt nicht wahrnimmt und stattdessen mit ihrem hin und her zuckenden Kopf wie angestachelt nach etwas Ausschau hält, etwas, das sie immer unruhiger werden lässt, und sei es, dass sie nichts von all dem entdeckt, was sie sucht, vielleicht aber nicht einmal weiß, was sie will, oder sich vor lauter Anflugzielen gar nicht für ein einzelnes entscheiden kann.

Gegen Mittag reinblauer Himmel, auf dem Münsterplatz ein Gewusel, Marktstand an Marktstand, kaum ein Durchkommen, nur dass mich der Gedanke nicht loslassen will, die Leute könnten mir ansehen, dass ich aus dem Knast komme, obwohl kein Mensch mich angafft, auch nicht so verschämt, als wollten sie es sich nicht anmerken lassen, was allerdings wenig bedeuten muss, schließlich glotzen die Leute nicht gerade in dem Augenblick, da ich sie anschaue, zumal sie sicherlich spüren, wie peinlich es mir ist, was sich wahrscheinlich bereits an meinem Blick ablesen lässt, der zu einem Tag wie heute überhaupt nicht passt, einem Hochsommertag Ende September, so warm, wie es zu dieser Jahreszeit noch selten der Fall war, als wolle die Sonne einen vergessen lassen, was dort oben passiert ist, Dinge, von denen die Leute in der Zeitung gelesen haben, ohne zu ahnen, dass einer von denen, die jetzt mitten unter ihnen durch die Stadt schlendern, daran beteiligt war, wenn auch nur kurz und ohne etwas getan zu haben, nur dass ich mir immer wieder sagen muss, dass man selbst dann nicht so wichtig ist, wenn man einmal eine Nacht gesessen hat, zumal es ja auch das Glück der Gleichgültigkeit gibt, ein Glück, dem man wahrscheinlich jede Art von Freiheit und Frieden zu verdanken hat, schließlich fangen die Schwierigkeiten erst dort an, wo die Leute voneinander etwas wollen und am Ende enttäuscht sind, weil sie nicht kriegen, was sie sich zusammengeträumt haben, wobei ich nicht einmal an Lisa und mich denken muss, obwohl Lisa genau wüsste, wovon die Rede ist.

Auch wenn Johannes seit neuestem kein Einsiedler mehr ist, wollte er vermutlich deshalb Pfarrer werden, um jenem ewigen Gezerre zu entgehen, das aus dem unablässigen Spiel zwischen Anziehung und Abwehr, Bedürftigkeit und Zurückweisung besteht, einem Gezerre, dem so gut wie keiner entkommt, der sich fürs Alleinsein nicht geschaffen fühlt. Immerhin hat er, obwohl ihm an der Kirche nicht mehr viel lag, bis heute das Zölibat verteidigt, und zwar im Namen einer Freiheit, wie man sie mit Frau und Kindern niemals leben könne, einer Freiheit, für die gewiss nicht jeder gemacht sei, auch wenn man zu Recht vermuten dürfe, dass so mancher von denen, die Pfarrer würden, vor allem Möglichen fliehe, nur dass sich Schwächen bekanntlich auch in Stärken verwandeln ließen, zumal das halbe Leben mit dem Verbergen unserer Schwächen dahingehe. Ob er dabei über sich selbst redete oder es wieder einmal reichlich allgemein meinte, weiß ich nicht, zumal er es wahrscheinlich nur deshalb mit mir aushielt, weil ich bei solchen Dingen nicht nachbohrte.

Zum ersten Mal seit Jahren bleibe ich vor dem Münster stehen, als könne es nicht schaden, wieder einmal zu beten oder wenigstens in aller Ruhe die bunten Figuren am Portal anzuschauen, Hunderte an der Zahl, alle in sanften Farben, als seien sie aus Holz und nicht aus Stein, mit ihren rostbraunen Togen, hellblauen Schürzen und Gewändern, schwarzen Basken- und roten Zipfelmützen, die Männer mit wuscheligen Lockenköpfen, Kringelbärten und Gesichtern, als seien sie noch Kinder, so ganz ohne Falten und Furchen, auch ein paar Müde unter ihnen, die ihr Haupt in den Kopf stützen oder eingenickt sind, auch einer, der seine Hände wie zum Gebet um seinen riesigen Zinken faltet, einen Zinken so groß wie der Trichter einer Trompete, wobei nirgends einer den andern zu stören scheint, weshalb auch keiner wirklich bemerkt, wie Judas sich einen Strick um den Hals legt, so selbstverständlich, als sei es die gewöhnlichste Sache der Welt, während gleich nebenan das Jesuskind auf Marias Arm am Daumen der Mutter lutscht, umringt von knabenhaften Heiligen mit Bischofsstäben und solchen, die mit Schriftrollen, Schwertern, Folianten, Banderolen, Weihrauchfässern und Kelchen ausstaffiert sind, nebst dicken Rittern mit Bäuchen, so groß wie Weinfässer, und Handwerkern mit Leitern und Hämmern, ihnen zur Seite Bauern mit Sicheln, Heugabeln und Hunden, deren Köpfe Dämonen gleichen, ganz zu schweigen von einer aufreizenden Schar halbnackter Schönheiten mit bloßen Brüsten, aufgeschlitzten Kleidern und goldenen Haaren, Schönheiten, die zwischen ihren Schenkeln mit Echsen spielen und Schlangen in ihre Scheiden stecken, um sie herum groteske Satanswesen, ihnen gegenüber, auf der anderen Portalseite, Frauen mit Krügen und Gesichtern, die etwas von Sonnenblumen besitzen, zwischen all diesem Volk Myriaden von Rosen, Reben, Schäfchen, Tauben und Fledermäusen, die allesamt wie kleine Teufel aussehen, wobei eine einzige Gestalt aus diesem Gewusel sofort heraussticht, ein junger Mann mit Hakennase und Schreckensgesicht, der seinen Kopf aus einem Walfischmaul streckt und wild mit den Armen fuchtelt, nur dass man nicht weiß, ob er gerade verschluckt oder bereits wieder ausgespuckt wird. Es ist eine friedliche, liebliche Welt, in der die Lüsternen keine schlechtere Figur als die Holdseligen abgeben, zumal alle, ob sie nun schläfrig sind oder verwegen dreinblicken, wie aus sich selbst heraus leuchten und einander das Gefühl zu geben scheinen, dass ihr Kosmos ganz unvollkommen wäre, würde auch nur ein Einziger von ihnen fehlen.

Im Feinkostladen könnte ich mir für heute Abend etwas gönnen, fürs Alleinsein am Küchentisch, Pasteten, Krebse, Käse in allen Varianten und Fertiggerichte zum Aufwärmen, Fischsuppe aus Frankreich und Hähnchenschlegel in Ingwersoße, als hätte ich eine Prüfung bestanden, nur dass es nicht das Geringste zu feiern gibt, man sich aber nach so einer Nacht auch etwas Gutes tun darf, ich allerdings nicht stundenlang Tüten durch die Stadt schleppen und zu Hause mit übel riechenden Meeresfrüchten ankommen möchte, zumal es eh besser wäre, nicht gleich den nächsten Zug zu nehmen und stattdessen möglichst spät in Dornbach einzutreffen, da man ja schließlich nicht weiß, was einen daheim alles erwartet, obwohl es noch viel wichtiger wäre, möglichst schnell zu erfahren, wie die Dinge sich entwickelt haben, nur dass dort oben vielleicht der Teufel los ist und an allen Ecken und Enden die Presse herumschleicht, man kennt sie ja, diese Kerle, von damals, als der Pfarrer keine ruhige Minute mehr hatte, ich heute Nacht aber endlich wieder schlafen können möchte, so tief schlafen wie seit Tagen nicht mehr, selbst wenn dieses Gesindel an unseren Häusern hinaufgafft, als lasse sich ausgerechnet an den Fassaden etwas ablesen, was immer es sein mag, und sei es ein halb zugezogener Vorhang, der auf einmal etwas Geheimnisvolles bekommt, weshalb es besser wäre, ich bliebe gleich die ganze Nacht in der Stadt, nur dass dort oben vielleicht auch rein gar nichts los ist.

Mein Schweizermesser, so kommt es mir fast vor, macht mich seit heute zu einem gefährlichen Mann, zumal es mir zwischenzeitlich abgenommen worden ist, weshalb man sich gleich leichter vorstellen kann, mir nichts, dir nichts zuzustechen, von jetzt auf gleich, ohne Sinn, ohne Ziel, einfach so, als wähne sich ab sofort jeder, der mir über den Weg läuft, in falscher Sicherheit, vor allem nachdem ich den Gedanken nicht loswerden will, die Leute könnten mir ansehen, dass ich inzwischen zu denen gehöre, die einen Knast schon von innen gesehen haben, als sei etwas an mir hängen geblieben, das sich allein deshalb nicht wieder abwischen lässt, weil es überhaupt nichts Äußerliches ist.

Sie werden es keinen Augenblick genießen können, das Wogen des Meeres, im Gegenteil, es wird sie erschrecken, so beeindruckend es sonst auch sein mag, vor einer solchen Endlosigkeit zu stehen und dieses Abgründige, Bodenlose, Allesverschlingende als etwas Befreiendes zu erleben, gerade in seiner Gleichgültigkeit, die uns etwas von der Ewigkeit erahnen lässt, diese zwei jedoch vergeblich darauf warten dürften, dass jene erschreckend schönen Unendlichkeitsschauer sich einstellen, wie sie es von früher kennen, jeder für sich, von Reisen in den Süden oder an den Atlantik, mit Nächten am Strand unter einem nie gesehenen Sternengefunkel, Nächte, von denen man sich noch nach Jahrzehnten erzählt, vor allem wenn man wieder einmal frisch mit jemandem zusammen ist, als wolle man den anderen geradezu eifersüchtig auf die eigene Vergangenheit machen, eine Vergangenheit, an der er noch nicht teilnehmen durfte, nur dass Leute, die auf der Flucht sind, für derartige Geschichten kaum ein Ohr haben und niemals wie solche Glücklichen aufs Meer hinausblicken werden, die allem entkommen sind: dem aussichtslosen Dahindümpeln in Dornbach und jenen trägen Gewohnheiten, die seit sieben Jahren für schieren Stillstand sorgen. Viel eher wird es ihnen so vorkommen, als sei es sinnlos gewesen, ans andere Ende der Welt zu fliehen, an einen Ort, wo keiner auf sie wartet, auch nicht Lisas Bruder, der vor endlos vielen Jahren eine Karte aus Valparaiso geschickt hat, eine Karte, die einen Friedhof zeigt, hoch über der Bucht, auf dessen Portal die Aufschrift *Cementerio de Disidentes* prangt, Friedhof der Dissidenten, wem immer das gelten mag, Ungläubigen, Seeräubern oder Selbstmördern.

Vermutlich wird Johannes nicht einmal mehr solche Seufzer ausstoßen wollen, die nie etwas Bestimmtes bedeutet haben, außer vielleicht, dass man eben immer wieder stöhnen muss in diesem Leben, ganz gleich, ob etwas vorgefallen ist oder nicht. »Da stand das Wasser, aufgerichtet wie ein einziger Wall«, zitierte er regelmäßig eine Bibelstelle, wenn es heftig zu regnen anfing und wir von den Wiesen und Wäldern für eine Weile kaum noch etwas sehen konnten, dabei jedoch so wohlig in unseren Sesseln saßen und zum Fenster hinausschauten, als sei das Bahnwärterhäuschen die schönste aller Höhlen, in denen man sich vor der Welt schützen kann.

Auf dem Baugerüst am Theaterportal gehen hinter der Abdeckplane Arbeiter mit Kellen und Kübeln auf und ab, als befänden sie sich in einem Käfig. Auf dem Rasen gegenüber tummeln sich um eine Statue herum ein Dutzend Schwarzgekleidete mit Haarsträhnen in allen Farben und Gockelkämmen, dazu dreimal so viele Hunde, auch sie fast alle schwarz, nur dass die Hunde viel munterer als ihre Besitzer sind, von denen hin und wieder einer aufsteht und so schlaff um die anderen herumschlurft, dass man meinen könnte, alles, was man macht, sei eine furchtbare Mühsal und das Schlimmste auf der Welt alles Aufrechte und Zielstrebige, was bei unsereinem vor dreißig, vierzig Jahren kaum anders war, nur dass wir verspeckte Parkas und lange Haare hatten und nicht wie diese da drüben einen auf Tod und Trostlosigkeit machten, als müssten sie in irgendeiner Unterwelt einen tranfunzeligen Krieg führen, mit ihren tausend Ketten, Nieten und Reißverschlüssen an den formlosen Hosen. Vor dem Theater ragen gusseiserne Laternen auf wie aus prächtigeren Zeiten, als trete man beim Besteigen der Stufen tatsächlich ein in eine andere Welt, eine Welt, die in meinem Leben nie eine Rolle spielte, außer drei-, viermal während der Schulzeit, als ein Lehrer uns in Stücke geschleppt hat, die alles andere als großes Theater boten, zumal wir dabei immer auf dem Boden herumsitzen mussten, die Schauspieler über unsere Köpfe hinwegsprangen und mitten unter uns spielten, auf ebener Erde, ohne Parkett und Bühne, als seien wir alle eins, Zuschauer und Schauspieler, sodass man ständig Angst haben musste, aufgerufen, angerempelt und zum Mitmachen gezwungen zu werden, weshalb ich nie wieder ins Theater gehen wollte, zumal ich mir darunter etwas ganz anderes vorgestellt hatte, eine Stille, einen großmächtigen Vorhang, eine Welt, die sich vor einem öffnet, greifbar nah und unendlich fern zugleich, mit einem Rest von Geheimnis, das sich nicht auflösen lässt. Doch stattdessen mussten wir mit unserem Lehrer ein Theater über uns ergehen lassen, in dem marxbärtige Rentner und überdrehte Omis in Hippieklamotten ihre eigenen Kinder, mit denen sie in einer Wohngemeinschaft hausten, als reaktionäres Pack beschimpften, weil sie bloß an die eigene Karriere dachten und nicht mehr die Welt verändern wollten, was mir eigentlich hätte gefallen müssen, wäre es nicht so öde und aufdringlich zugleich gewesen.

Wie so oft, wenn ich in der Stadt nichts mit mir anzufangen weiß, gehe ich irgendeiner Frau hinterher, obwohl diese belanglosen Verfolgungen mich bloß noch unruhiger machen, mir aber trotzdem das Gefühl geben, für eine kleine Weile einen Halt und eine Art Ziel zu besitzen, und sei es in Gestalt einer solchen Frau, die einem den Weg weist, auch wenn er jeden Augenblick an einer beliebigen Tür enden kann, hinter der sie dann verschwindet, ich aber eh nichts Besseres zu tun habe, weshalb auf die eine Frau die andere folgt, manchmal sechs oder sieben hintereinander. Im Grunde ist die Stadt eine Tortur, zumal sie, aus dem Abstand gesehen, viel verspricht, vor Ort aber nichts hält, wobei ich insgeheim immer noch hoffe, dass hier unten, wo es tausendmal mehr Möglichkeiten als im gesamten Schwarzwald oben geben müsste, sich etwas ergibt, obwohl ich jedes Mal wie verirrt an den Kneipen entlangschleiche und überlege, ob ich hineingehen soll oder nicht, wodurch jeder gleich sehen kann, dass ich im Grunde überhaupt nicht weiß, was ich will. Dass sich jetzt auch noch der letzte Rest von Verbindlichkeit in nichts auflösen musste, auf einen Schlag, ohne Ankündigung, ohne alles, macht die Sache nicht einfacher, nur dass ich nicht einmal weiß, ob es am Ende sogar ein Glück oder bloß eine jahrelange Verhinderung war, dass die Geschichte mit Lisa sich so lange hingezogen hat, zumal ein rechtzeitiger Absprung mich bereits früher gezwungen hätte, mir ernsthaft zu überlegen, wie es weitergehen könnte, ein Absprung wohin auch immer, nur weg von hier, was ich mir ja auch seit Jahren überlege, jedoch woanders kein Haus besitze und aufgeschmissen wäre, zumal ich dafür kaum etwas kriegen würde, ganz abgesehen davon, dass eh keiner eine baufällige Hütte in einem Kaff kaufen will, das in der Welt nur noch vorkommt, wenn dort wieder einmal die Polizei auftaucht.

Vielleicht ließe all das sich viel leichter ertragen, stellte man sich vor, dass Gefühle nur durch einen hindurchwehen wie ein Wind oder wie eine Musik, schließlich müsste man dann nicht ständig denken: Das bin jetzt ich, und ich bin dafür verantwortlich, dass es mir wieder besser geht, was anders wäre, würde man sich wie etwas empfinden, das nicht ständig ich zu sich sagen muss und es einfach nimmt, wie es ist, als einen Zufall, eine Veränderung, eine Unabänderlichkeit, was immer es sei, wie ein Tier, nur dass Tiere sich keine solchen Gedanken machen, obwohl auch sie Stimmungen ausgeliefert sind, Stimmungen, die man wie einen Orkan oder wie Windstille empfinden kann oder wie Songs, die aufgewühlt oder beruhigend klingen, je nachdem, nur dass man sich sagen müsste: So ist es jetzt eben, so und nicht anders, ohne Sinn, ohne Ziel, mit ständigen Übergängen, von heute auf morgen, jetzt auf gleich, mir nichts, dir nichts, wie ein Naturereignis, ob es einem gefällt oder nicht.

Mit Kindern sähe alles anders aus, nur dass ich dann mit Lisa hätte zusammenziehen müssen, was keine zwei Tage gut gegangen wäre, wir darüber aber gar nicht mehr reden mussten, so alt, wie sie war, obwohl es noch möglich gewesen wäre mit Anfang vierzig und ihre Mutter, die Oma, ständig entsprechende Bemerkungen meinte machen zu müssen, und zwar so laut, dass Bruno es am Tisch nebenan hätte hören können, was vermutlich sogar ihre Absicht war, zumal er Lisa damit gequält hatte, dass er nichts mehr von ihr wollte, mit einer Sturheit und einem Schweigen, hinter denen Abgründe stecken mussten, Abgründe, die nicht nur etwas mit ihr zu tun haben konnten, obwohl einen ihre Launen tatsächlich in den Wahnsinn treiben können, zumal sie ihre Stimmungen ständig dem anderen andichtet und einem Dinge vorwirft, die sie nur selber empfindet, weshalb man sich dann wie im Viereck herumgescheucht fühlt und gleichsam im Nu zum Gefangenen ihrer Anwandlungen wird, woraus es allein deshalb kein Entfliehen mehr gibt, weil alles, was man dabei sagt oder macht, bloß als Beweis dafür dient, dass sie recht gehabt hat, was schließlich wirklich dazu führt, dass man irgendwann zu schreien anfängt oder das Weite sucht und sich just dadurch zu demjenigen macht, der man vor einer halben Stunde noch gar nicht gewesen ist, nur dass sie einen gerade in solchen Augenblicken am allerwenigsten gehen lassen kann und sofort mit einem schlafen will, und zwar schon deshalb, weil sie wissen muss, ob man sie trotzdem noch liebt, wozu sich nicht gerade jeder in der Lage fühlt, vor allem ich nicht, zumal man gerade noch niedergemacht und für Dinge beschuldigt worden ist, die beim besten Willen reichlich wenig mit einem zu tun haben. Wie Bruno sich jedoch über Jahre hinweg in einem solchen Trotz einrichten konnte, blieb selbst denen ein Rätsel, die ihn sogar dafür bewunderten, obwohl er jederzeit hätte gehen und sie sitzen lassen können, was er aber erst tat, nachdem die Brücke eingeweiht worden war und es hier nichts mehr zu verdienen gab. Ab und zu grinste er mir vom Nebentisch herüber zu, als wüsste er bestens Bescheid, mit einer Häme im Gesicht, als sei nicht er, sondern ich der Betrogene, sodass ich mir wie sein Spielball vorkam und mir jede Lust vergehen wollte, was Lisa schneller als ich selbst zu spüren begann, zumal ich mir lange nicht eingestehen wollte, dass es etwas in mir gibt, das vor ihr zurückscheut, und zwar von Anfang an.

Am noch blauen Himmel der Abendstern, kaum sichtbares bleiches Pünktchen, mitten im Licht. Ein vollbärtiger Barfüßiger in kurzen Hosen, hochgeschossen, ausgemergelt, Zottelhaar, alles an ihm in Bewegung, wie bei einer Puppe, die man an Fäden zieht. Auch ihm gehe ich hinterher, nachdem die Frau von vorhin sofort in einem Kaufhaus verschwunden ist, unauffindbar. Haarige Beine, kräftige Waden, einer, der wahrscheinlich auch im Winter barfuß durch den Schnee stapft, der Gesundheit halber oder warum auch immer, vielleicht ein Übriggebliebener aus jener Zeit, als wir in Indienhemden herumliefen, nach Patchouli rochen und unsere Bedürfnislosigkeit ausstellten, allen anderen zum Zeichen, wie dieser da, ein einsamer Missionar, der allein durch seine Erscheinung zu predigen scheint: Schaut her, es geht auch ohne dieses Viele, Vielzuviele!, ein Ausgespuckter, der auch noch stolz darauf ist und trotzdem Aufmerksamkeit braucht, Straßen und Plätze und tausend Augen, vermutlich einer von denen, die bis heute ganz genau wissen, was wahre Bedürfnisse sind und was falsche, wie Kai in unserem Küchenurwald, der wie besessen vom Bewusstsein geredet hat, vom richtigen und verblendeten, als müsse seine eigene Erbärmlichkeit der gesamten Menschheit als Vorbild dienen, weshalb ich ihn am Ende nicht mehr ausstehen konnte mit seinen drei Akkorden, seiner versoffenen, verrauchten, verhusteten Stimme, seinem dünnlichen Flusenbart, in dem alles Mögliche hängen blieb: Marmelade, Brösel, Bierschaum und Rotz. Gott hab ihn selig, schließlich könnte er selbst es sein, der hier barfuß um Aufmerksamkeit bettelt, wäre er nicht schon vor ein paar Jahren vor laufendem Fernseher tot aufgefunden worden.

Der aufkommende Abendfrieden mit dem kaum sichtbaren Abendstern am noch hellen Himmel scheint allein durch sein Licht eine Stille einkehren zu lassen, die aus der Stadt geradezu ein Dorf macht, trotz des Auf und Ab in den Straßen und Gassen. Einmal, vor zwei, drei Jahren, bin ich Johannes hier unten begegnet, an einem Abend wie diesem, nur dass er mir nie von irgendwelchen Ausflügen in die Stadt erzählt hatte, weshalb es uns beiden peinlich zu sein schien, hier so unverhofft aufeinanderzutreffen, zumal wir, so unverhofft wie er da stand, kaum wussten, was wir miteinander reden sollten, als hätte ich ihn erwischt, ohne zu wissen wobei, was sich über die gesamte, reichlich schweigsame Heimfahrt hinziehen sollte, auf der mir ständig die Worte *heimlich* und *Heil mich!* im Kopf herumgingen, so unablässig, dass ich fürchtete, sie nie wieder loszuwerden. Als ich Lisa davon erzählte, schüttelte sie nur den Kopf, als verstehe sie eh nicht, was einem an diesem Einsiedler liegen kann. Dabei musste man dort oben doch froh sein, dass es einen wie ihn überhaupt gibt.

Zwei Hocker weiter sitzt, die Füße wie angeschraubt, die Hände zwischen den Schenkeln gekreuzt, an der Bar derart reglos ein Mann, dass man zwei-, dreimal hinschauen muss, um an einem gelegentlichen Blinzeln oder kaum sichtbaren Atmen zu erkennen, dass er tatsächlich lebt, wobei man weniger an einen Toten als an eine Wachsfigur denkt, so stoisch, wie er vor sich hinblickt und dabei sogar entspannt wirkt. Am liebsten würde ich ihn antippen, nur dass mir vermutlich nichts zu reden einfiele, ganz abgesehen davon, was hinter dieser Reglosigkeit sich alles verbergen mag. Als ich damals, vor inzwischen bald zwanzig Jahren, vor den anderen immer wieder in die Stadt geflüchtet bin, habe ich den Frauen, mit denen gelegentlich eine Nacht zustande kam, Geschichten von wilden Wohngemeinschaften und einem abenteuerlichen Leben aufgetischt, je nachdem, womit ich glaubte, sie beeindrucken zu können. Warum sich mit ihnen nie mehr als eine einzige Nacht oder allenfalls zwei oder drei ergaben, weiß ich nicht, außer dass mir reichlich unwohl bei dem Gedanken war, eines Tages mit einer Neuen an unserem Küchentisch zu sitzen, ihr aber nicht einmal ein eigenes Bett anbieten zu können, ganz zu schweigen von allerlei anderen Erklärungen, die nötig gewesen wären.

Wie konnte ich bei diesem Verhör nur Lisas Kusine vergessen und ausschließlich von ihrem Bruder reden, als wollte ich etwas unterschlagen, was am allerwenigsten unterschlagen werden müsste, zumal sie eh so gut wie keine Rolle spielt, diese Kusine dritten oder vierten Grades, eine Kusine, die gar nicht mehr richtig zur Verwandtschaft gehört, nur dass mich der Richter auch gar nicht nach ihr gefragt hat, obwohl ihm die familiären Verhältnisse durchaus bekannt sein müssten, schließlich hatte er eine Aktenmappe voller Dokumente vor sich liegen, weshalb er mich nicht so scheinheilig nach der Verwandtschaft hätte zu fragen brauchen, mir jedoch mein Nichterwähnen dieser Kusine als Verschweigen ausgelegt werden kann und sie deshalb vielleicht glauben, ich hätte etwas zu verbergen, obwohl es ein schlichtes Vergessen war, das nicht das Geringste zu bedeuten hat und in einer solchen Situation überhaupt nicht verwunderlich ist, wie ich mir immer wieder sagen muss, allerdings auch überlegen sollte, ob nicht ein Anruf im Gericht die Sache aus der Welt schaffen könnte, ein Anruf bei Herrn Seidel, um ihm zu sagen: »Entschuldigen Sie, mir ist da gerade eingefallen, dass ich ganz vergessen habe, Lisas Kusine zu erwähnen, die in Liedberg drüben wohnt und beim Fuhrunternehmer Kerr Sekretärin ist, entschuldigen Sie die Störung, ich wollte Ihnen das nur kurz sagen!«, womit dafür gesorgt wäre, dass kein weiterer Verdacht gegen mich aufkäme, eine solche Aktion vielleicht aber auch nach Übereifer aussähe, weshalb ich es lieber lasse, als könnte am Ende gerade ein solcher Anruf suspekt wirken, ein Anruf, mit dem man nur allzu korrekt erscheinen wollte, wegen einer Kleinigkeit, die vollkommen belanglos ist.

Dass ich ihn nie auf seine Exzesse anzusprechen gewagt habe, wundert mich seit langem. Andererseits wollte er mit seinem über all die Jahre hinweg aufrechterhaltenen *Sie* ja auch deutlich machen, dass es Grenzen zu wahren gilt, wobei über solche Grenzen natürlich nie gesprochen wurde, und zwar schon deshalb nicht, weil sie damit ja in Frage gestellt worden wären. Dennoch hätte es nahegelegen, ihn einmal darauf anzusprechen, was ja mit einem Witz hätte geschehen können, weit entfernt von jedem Bedenklichkeitston oder gar Bekehrungseifer, was einem wie mir sowieso schlecht anstünde, schließlich lasse auch ich gelegentlich die Tage ein bisschen verschwimmen, nur dass man so wenig abschätzen kann, wie bestimmte Dinge bei anderen ankommen, als könnte selbst dann ein Vorwurf mitschwingen, wenn es anders gemeint ist, zumal man am Ende ja selbst nie wirklich weiß, was in dem, das man sagt, alles mitklingt. Dass er alle paar Wochen oder manchmal auch nur alle paar Monate diese Anfälle bekam, wäre überhaupt nicht schlimm gewesen, hätten die Folgen nicht fatal sein können, was er natürlich wusste, seinem zerknautschten Gesicht und ein wenig gebückten Gang nach zu schließen, mit denen er diese Anfälle dann ein, zwei Tage lang abzubüßen schien, nur dass er die leeren Flaschen oft noch eine ganze Weile herumstehen ließ, wie zum Zeichen, dass man doch etwas mitbekommen sollte, zumal er sie manchmal erst nach ein, zwei Wochen aus der Küche räumte, wo sie querbeet auf dem Kühlschrank, dem Boden, der Waschmaschine und dem Fenstersims herumstanden und manche davon noch halb voll waren, als habe er ständig neue geöffnet. Es müssen richtige Saufanfälle gewesen sein, Saufanfälle von einem Ausmaß, das offensichtlich Dimensionen annahm, bei denen es wundernimmt, dass er nicht ins Krankenhaus eingeliefert wurde, was allerdings gar nicht hätte zustandekommen können, so allein, wie er da draußen wahrscheinlich halb bewusstlos herumlag, wobei er einen ganz besonderen Schutzengel gehabt haben muss, zumal man allenfalls einmal eine Beule oder einen Bluterguss an ihm entdecken konnte, eines Tages allerdings auch seine Brille kaputt war, ohne dass er zugeben wollte, was es damit auf sich hatte, als sei er mir nichts, dir nichts die Treppe hinabgepurzelt, einfach so und ohne jeden Grund, sozusagen gedankenverloren und rein zufällig. Dabei hätten wir doch darüber lachen können und nicht gleich eine bedeutsame Miene aufsetzen müssen, zumal ich ihn dann ja auch meist mit so dämlichen Bemerkungen wie »Ein bisschen über den Durst getrunken!« begrüßte, worauf er nickte und die Sache damit als erledigt zu gelten hatte, als hadere er schon mit sich selbst genug, und zwar so sehr, dass er auf jede weitere Bemerkung verzichten kann, was freilich noch keineswegs erklärte, warum es immer wieder so weit kommen musste, und zwar derart maßlos, dass er dabei mit sich allein sein wollte, als schäme er sich davor, vor jemand anderem derart zu entgleiten, nur dass es andere halt auf andere Art tun, so wie Kerr, der alle paar Wochen seinen Cholerischen kriegt, egal ob etwas Bestimmtes vorgefallen ist oder nicht, was man ihm schon morgens von weitem beim Aussteigen aus dem Auto anmerken können soll, noch bevor einer Guten Tag zu ihm gesagt hat, seine Leute allerdings auf den ersten Blick wissen, dass es heute noch etwas setzen wird, weshalb sie am liebsten gleich wieder nach Hause gehen und abwarten würden, bis der Anfall vorbei ist, zumal keiner weiß, wen von ihnen es diesmal trifft und ob es sofort losgeht oder erst so kurz vor Geschäftsschluss, dass man bereits meinen könnte, es sei noch einmal alles gut gegangen, wobei es vollkommen egal ist, wann er platzt, zumal es jedes Mal derart fürchterlich sein muss, dass Lisas Kusine schon zigmal gekündigt hat, er sie dann aber stets von neuem anfleht, bei ihm zu bleiben, und ihr auf Knien verspricht, dass es nie wieder vorkommen wird, was man mit Johannes' Versumpfungen nicht im Geringsten vergleichen kann, solche Exzesse allerdings bei beiden regelmäßig anstehen, als müsse da immer wieder etwas knallen, nur dass der eine es an sich selbst, der andere es an andern auslässt.

Kein einziges Mal habe ich mit ihm jedoch darüber geredet, was bei einer Freundschaft, die diesen Namen verdient, eigentlich hätte möglich sein müssen, es mir aber immer so vorkommen wollte, als nähme ich mir damit zuviel heraus, obwohl es absurd ist, dass es ausgerechnet mir nicht gelang, mir, der jahrelang mit diesen Urschrei-Exerzitien alles aufbrechen wollte, jede Art von Charakterpanzer, wie wir es begriffsbeflissen nannten, ganz zu schweigen von den allgegenwärtigen Faschismusverdächtigungen, die immer gleich zur Hand waren, wenn einem eine Nase nicht passte, als sei die Welt voller Blockwartschweine, weshalb wir ständig meinten, etwas entlarven und irgendwelchen Leuten die Maske herunterreißen zu müssen, damit dieser ganze verlogene Dreck endlich offen daliegt und sich keiner mehr in seine stinkende Familienhölle verkriechen kann, in eine Familienhölle, die nur deshalb existieren konnte, weil nichts nach außen dringen durfte, womit es ein Ende haben sollte, und zwar für immer, auf dass alles Heimliche, Gewalttätige, Verklemmte sich in nichts auflöse und mit dem Auslöschen aller falschen Schamgefühle die Welt sich in jenes Inselreich verwandle, das Atlantis oder Tahiti oder wie immer heißen möge, eine Welt, die kein Eigentum kennt, weder an Geld noch Weib noch Kindern, weshalb wir wie Neunjährige, die für Karl May schwärmen, an die Märchen von den guten Wilden glaubten, nur dass wir sie ein bisschen abwandelten und diese Wilden mit allem Glück der freien Liebe ausstaffierten, was beweisen sollte, dass alles Private zerstört werden muss, was bei uns im Bahnwärterhäuschen mit dem Verbot, die Klotür hinter sich abschließen zu dürfen, zu beginnen hatte, nur dass wir jetzt, Jahre später, ohne diese Familienhölle erstaunlich alleine dastehen, was kein Grund zur Klage sein muss, jedoch den Tatsachen entspricht, Tatsachen, die wir im

Namen aller möglichen Befreiungen geschaffen haben, von Befreiungen, die manchen von uns reichlich einsam gemacht haben und immer noch nach dem großen Sinn gieren lassen, nur dass diese Gier etwas Erbärmliches besitzt, zumal sie nichts anderes als jene Krankheit ist, von welcher der Kranke zuallerletzt etwas wissen will.

Dass Johannes seine ausgetretenen Filzschlappen, die ihn so alt machten, als wollte er sich tatsächlich zum Rentner stilisieren, auch anhatte, wenn Lisa bei ihm war, kann ich mir kaum vorstellen, vorausgesetzt, sie war überhaupt je bei ihm, was jedenfalls eher der Fall gewesen sein dürfte, als dass die beiden sich bei ihr daheim getroffen hätten, zumal ich den *Löwen* ja ständig im Blick haben könnte, auch wenn ich lieber hinten in der Küche sitze, von dort aber trotzdem höre, wenn ihr Auto anspringt, zumindest bei gekipptem Fenster, was nicht ausschließen muss, dass Johannes sich über den Ackerweg am Hof vom Selbstmord-Toni vorbei im Dunkeln zu ihr schlich, jedoch damit rechnen musste, dass ich bei ihr bin oder plötzlich auftauche. »Was habt ihr miteinander?«, hatte ich die beiden angeschrien, als Johannes hingekauert neben dieser Zerschundenen saß, nur dass er eh auf nichts mehr reagierte und Lisa, so aufgelöst, wie sie war, mir bloß den Vogel zeigte, als sei es absurd, in diesem Moment mit solchen Problemen zu kommen. Ein halbes Jahr wird es wohl schon gehen, immerhin drängt sie mich bereits seit dem Frühjahr nicht mehr wie früher ständig, mehr miteinander zu machen, was mir einerseits recht war, andererseits aber auch zu fehlen begann, als werde man auf einmal ganz schnell bedürftig, wenn die Klage ausbleibt und der andere sich selbst zu genügen scheint.

Mein Nachbar zwei Hocker weiter nimmt alle paar Minuten einen einzelnen Schluck, dazwischen sitzt er nach wie vor reglos da, schaut vor sich hin, blickt nicht nach links und nicht nach rechts, ein Buddha, der nichts von einem Buddha hat, nur dass diese Ruhe täuschen kann und er sich vielleicht mit aller Kraft zusammenreißt, da alles andere einer Katastrophe gleichkäme. Am anderen Ende der Bar zwei Kichernde, deutlich unter zwanzig, wie ich vermute, blond und braun, die Caipirinha vor sich stehen haben und nach jedem Saugen am Stäbchen wie Gören, die etwas Verbotenes wagen, zu kieksen und zu flüstern anfangen. Ihr Kichern wirkt wie eingeklemmtes Lachen, als müsse es von etwas befreit werden, was mein Nachbar vollkommen ignoriert, man sich aber vorstellen könnte, dass es nicht mehr lange dauert, bis ein Zorn aus ihm herausbricht, der nichts mehr zu verschonen bereit ist, ein Zorn, der keine Gnade mehr kennt, als lasse man alles schon viel zu lange mit sich machen, nicht erst seit einer halben Stunde, sondern seit Jahren, im Grunde von Kindheit an, weshalb es jetzt reicht, ein für alle Mal, und die Welt dafür büßen muss, dass es so weit gekommen ist.

Jeder sei sich sein eigenes Gefängnis, gleichgültig wo und in welchen Verhältnissen er lebe, meinte Johannes, als wir, wie es selten vorkam, doch ein paarmal über die Folgen des Prozesses redeten, nur dass er immer öfter in derartige Sprüche flüchtete, Sprüche, die sofort etwas Einleuchtendes besitzen, aber einem gerade deshalb suspekt sein müssten, zumal das Gegenteil genauso wahr sein könnte und jene Wahrheit, die uns direkt betrifft, viel simpler ist und schlichtweg darin besteht, dass wir uns, warum auch immer und jeder aus anderen Gründen, in ein Abseits katapultiert haben, aus dem es kaum noch ein Entrinnen gibt.

Ich darf den Zug nicht verpassen, einen Bummelzug, der gegen zehn fährt und der letzte ist, will ich noch den Anschluss in Kalthütten kriegen, von wo es nochmals eine Viertelstunde bis Liedberg hinüber dauert und es dann reichlich spät wird, wenn man noch die gute halbe Stunde zu Fuß nach Dornbach hinüber rechnet, vorausgesetzt dass ich mehr renne als gehe, zumal man in meinem Alter ja keine Autos mehr anhalten will, nur dass dort oben um diese Zeit sowieso kaum noch welche unterwegs sind, sieht man einmal von der Brücke ab, auf der die Welt über uns hinwegdüst, sommers wie winters, ohne Unterlass, als existierten wir gar nicht, ein Dorf, durch das einst fast fünfzigtausend Autos krochen, und zwar täglich, bergauf, bergab, von morgens bis abends im Schneckentempo, weshalb auch so viele ausgestiegen und essen gegangen sind oder bei mir an der Tankstelle eine Pause gemacht haben, Leute, die in der Schlange standen und jene Feldwege nicht kannten, die wir Einheimischen benutzten, Feldwege, an denen gegen Ende immer häufiger abkassiert wurde, als sollte die Ortskasse vor dem Zusammenbruch noch einmal reichlich gefüllt werden, zu einer Zeit, als viele schon am Wegziehen waren und kaum einer von denen übrig blieb, mit denen ich in der Kneipe saß, ganz zu schweigen davon, dass ich eh nie richtig dazugehörte, außer in jenen Jahren, als ich die Tankstelle hatte und es hintenherum hieß: Der darf froh sein, dass er die gekriegt hat!, womit nicht nur die Tankstelle, sondern auch Lisa gemeint war. Dass es trotz allem einen himmelweiten Unterschied ausmacht, ob man mit zwanzig in einen Neubau zieht, den einem der Papa hingestellt hat, oder von daheim nichts mehr wissen will und alles hinter sich lässt, muss ich mir immer wieder sagen, wenn einen das Elend überkommen will und die Selbstanklagen zu rumoren anfangen, als hätte es damals nicht Gründe genug gegeben, das Kotzen zu kriegen, und sei es, weil man von den Alten nie mehr den Satz hören wollte: Früher hätte es das nicht gegeben!, womit jene Jahre gemeint waren, die es besser nie gegeben hätte, nur dass das, was unsereins dann veranstaltet hat, nicht selten mit dem gleichen Ingrimm geschah, den wir an unseren Alten nicht ausstehen konnten, einem Ingrimm und Irrsinn, der ihnen an Rechthaberei in nichts nachstand, ganz zu schweigen von dem absurden Glauben, uns selbst überwinden zu können, uns selbst mit allem Drum und Dran, das uns ausmacht, als könne man aus sich jede Eifersucht und jeden Neid austreiben, mit Stumpf und Stiel, auf immer und ewig, ohne sich dabei selbst zu zerstören und in eine ganz neue Hölle hineinzutreiben, weshalb ich an diese Jahre gar nicht mehr denken will, und zwar schon lange nicht mehr, mir jedoch meine Vergangenheit nicht aussuchen kann.

Ich muss schon ein bisschen betrunken sein, nur dass ich nicht den Fehler machen darf, es überspielen zu wollen, da man sich dann ganz besonders verrät. Wie ich die Klinke drücke und mit der anderen Hand noch ein stummes Tschüss zum Tresen hinüberschicke, nickt der Wirt mir zu, als habe alles seine Richtigkeit. Es ist ein Nicken, das ein Einverständnis ausdrückt, bei dem es um nichts Bestimmtes geht, jedoch ein Wohlwollen mitschwingt, als wisse er mehr über mich, als mir lieb sein kann. Nur dass ich jetzt nicht wehleidig werden darf, was stets die Gefahr ist, wenn man getrunken hat. Es ist, als sei man dann seine eigene Mutter und noch viel mehr, eine Mutter, die auf ihr Kind blickt und es vor der Welt schützen will, was immer es getan haben mag. Dass man solche Gedanken niemandem erzählen darf, ist so klar wie nichts sonst, nur dass sie einem trotzdem kommen, zumal jetzt, wo es allen Grund gäbe, von jemandem getröstet zu werden. Schlimmer allerdings ist, dass man das nicht nur niemandem anvertrauen kann, sondern es jetzt auch keinen Einzigen mehr gibt, der dafür überhaupt in Frage käme. Alles, was ausgespart werden muss, schien in dem kurzen Nicken dieses Wirts anwesend zu sein, in einem Nicken, das alles verstanden hat, obwohl er mich nicht im Geringsten kennen kann.

Erstaunlich, wie voll der Zug ist, nachts um zehn, ein zweistöckiger Bummelzug das Höllental hinauf, wo er sichtlich schnauft, auch wenn er nicht mehr dampft und keucht wie früher zu Kindheitszeiten, auf den Fahrten mit Mama nach Bad Finkheim, wo ich inhalieren und Dampfbäder nehmen musste, wegen des Asthmas, das eigentlich gar kein Asthma war, zumal es nie mehr auftauchen wollte, seit Mama tot ist, seit einem Jahr vor dem Abitur, nur dass Vater mir nie verzeihen konnte, von da an mit seinem Sohn allein gewesen zu sein, als sei ich es gewesen, der sie ins Grab gebracht hat, ich, dessentwegen sie nie schlafen konnte, der Alte jedoch nie gesagt hätte: Du hast aber wieder einmal ziemlich übel geschnarcht neben mir!, sondern immer nur nickte, wenn sie mir prophezeite: »Du landest noch in der Gosse!«, womit ich genau genommen einen Auftrag zu erfüllen hatte, was mir auch beinahe gelungen wäre, nur dass ich inzwischen ein Haus besitze, aus dessen Fenstern man auf eine Tankstelle schaut, die einen Bildband wert wäre, so märchenhaft zerfallen und verrostet, wie sie aussieht, ein tristes Idyll an einem Ort, der von der Landkarte verschwunden ist, sieht man einmal davon ab, dass er in diesen Tagen wieder für Schlagzeilen sorgt, als müsse dort oben schon deshalb alle paar Jahre etwas passieren, damit wir nicht restlos vergessen werden.

Die ältere, blond getönte Dame mit dem kurzen, jugendlich wirken wollenden Schnitt redet unablässig auf die neben ihr am Fenster sitzende Schwarze ein, die noch zur Schule gehen könnte und sich ihre Kopfhörer aufsetzen wollte, jedoch sofort in Beschlag genommen wird, ohne dass die beiden sich gegenseitig vorgestellt oder auch nur begrüßt hätten. Sie müsse unbedingt beim Weihnachtsbasar mitmachen, dort könne jeder sich einbringen, vor allem Leute aus Afrika, er finde jedes Jahr statt, im Gemeindezentrum am Seepark, schließlich sei das eine Werbeplattform für Leute wie sie, man könne dort auch Workshops anbieten, Workshops für Schnitzen, Flechten, Trommeln und alles, was typisch für Afrika sei: »Überlegen Sie, welche Ideen man da entwickeln könnte, Sie können auch gern einmal einfach bei uns vorbeikommen, da können wir einen Kaffee zusammen trinken, das wäre doch ein Anfang und eine Aufgabe für Sie, wir stellen die Stände, und Sie bieten Ihre Sachen an, es gibt auch Kuchen und Brötchen, das ist Werbung für Ihr Land!, verstehen Sie!, Ketten, Ohrringe, Masken, Tücher, das alles gibt es bei uns, nur Piercing mögen wir nicht, überlegen Sie es sich!, überlegen Sie, was Sie anbieten könnten!, vielleicht können Sie ja auch singen?!, Leute wie Sie brauchen wir!, ich gebe Ihnen die Termine, damit Sie sie sich gleich aufschreiben können!, geben Sie mir Ihre Telefonnummer!, machen Sie Werbung für Ihr Land!, Sie können sich einbringen!, verstehen Sie!, kommen Sie zu uns!, ich mache das jetzt seit über zehn Jahren, wir freuen uns über jeden, der mitmacht, vor allem Leute wie Sie!, Leute aus Afrika!, für solche machen wir das ja!, für Leute, die sich einbringen wollen!«, schwallt es aus ihr heraus, während die Bedrängte hilflos lächelt, ohne auch nur gefragt worden zu sein, woher sie überhaupt kommt, so vernarrt, wie diese Übereifrige in ihre guten Werke ist und der Umgarnten kaum Raum zum Atmen lässt, die Schwarze jedoch auf einmal fragt: »Und wieviel verdient man dabei?«, was der Alten die Sprache verschlägt und sie nach einer Schrecksekunde empört aufstöhnen lässt, bevor sie ihre Sachen packt, sich beim Aufstehen eine Träne aus dem Auge wischt und so tief verletzt, als sei sie jetzt von ganz Afrika enttäuscht, zu ihr sagt: »Geld, wofür Geld?! Wir tun das doch alles für euch!, für wen denn sonst!?, wir machen das alle ehrenamtlich!, von uns hat noch keiner dafür auch nur einen Pfennig gesehen!, was glauben Sie eigentlich?!«

Hätte ich mir nicht vorgestellt, es sei die Nubierin, wenn ich mit Lisa geschlafen habe, wäre es oft bloß noch eine einzige Mühseligkeit gewesen, eine Mühseligkeit um des lieben Friedens willen, was aber diese Phantasien verhindern konnten, auch wenn Amiras Bild seit Jahren immer mehr verschwimmt und vermutlich kaum noch etwas von dem übrig geblieben ist, was der Wirklichkeit entspricht, zumal das alles auch schon gute sieben Jahre zurückliegt und sie inzwischen vielleicht schon anders aussieht, verheiratet ist und Kinder hat, Kinder, die einen genauso sprachlos machen würden wie sie, weshalb in diesen Wochen kein Mangel an Gästen herrschte, was damals zwar auch sonst kaum der Fall war, nur dass auf einmal die Kerle von überallher kamen, selbst Ehemänner, die sonst nie im *Löwen* auftauchten, was Lisa sichtlich zu schaffen machte, trotz des guten Geschäfts, als sei sie entthront, weshalb es natürlich schiefgehen musste, was man schon nach zwei Tagen merken konnte, obwohl Amira bei allem Strahlen im Gesicht stets so unnahbar blieb, als existiere ein unsichtbarer Schutzwall um sie herum, ein Schutzwall aus einer fast erschreckenden Schönheit, die einen nicht nur ganz klein und bedürftig machte, sondern einem sofort das Gefühl gab, selbst nur erbärmlich plump und grob zu sein, und sei es allein dadurch, wie man am Tisch sitzt, ohne noch den Mund aufzumachen, wobei ihre Unnahbarkeit ein paar von denen, die bloß ihretwegen in die Kneipe kamen, nach zwei, drei Wochen richtiggehend wüst werden ließ, als bleibe einem nur die blanke Wut, wenn alles andere nicht hilft, nur dass es Lisa dadurch gleich wieder viel besser ging, auch wenn sich keiner von denen ihretwegen auf den Weg nach Dornbach gemacht hatte.

Hätte ich wenigstens ein Studium zu Ende gebracht oder eine Lehre gemacht, so muss ich mir immer wieder sagen, würde unser Altersunterschied vielleicht gar keine so große Rolle gespielt haben, nur dass ich, als noch nicht alles zu spät gewesen wäre, den entscheidenden Augenblick verpasst habe. »Du weißt nicht mehr, wie es ist, wenn man jeden Tag aufstehen muss«, stöhnt Walter immer, doch ob er wirklich froh wäre, wenn der Wecker morgens nicht mehr klingeln müsste und die Pensionierung zehn Jahre früher käme, bezweifle ich. Auch er saß damals beinahe jeden Abend in der Kneipe, um den Charmeur zu mimen, nur dass er sich dabei wie wir alle lächerlich gemacht hat. Selbst den Selbstmord-Toni sollte die Nubierin nochmals aus seinem religiösen Wahn herausreißen und wieder in einen gehetzt humpelnden Kneipengänger verwandeln, sodass seine Frau und seine Kinder sich ein zweites Mal in Grund und Boden schämen mussten, als hätte das eine Mal nicht gereicht, als die Geschichte mit dem Traktor überall in der Zeitung stand und man nicht wusste, ob es zum Lachen oder zum Heulen ist, weshalb er sich auch nirgends mehr blicken ließ und bloß noch zum Wallfahren aus dem Haus ging, was sich mit dem Auftauchen der Nubierin schlagartig ändern sollte, auch wenn er sich am liebsten hinter einem einsamen Tisch verdrückt hätte, nur dass es damals keine einsamen Tische mehr gab und er zwischen uns sitzen musste und immer so lange den Arm hochstreckte, bis sie kam, jedoch vor seinem stieren Blick und den urwaldartigen Augenbrauen offensichtlich ein wenig zurückscheute, weswegen ihm meist Lisa die große Apfelschorle brachte, was aus allen Ecken mit einem hämischen »Prost!« kommentiert wurde, und zwar jedes Mal, da ja jeder wusste, dass der Toni sich in den wirren Wochen vor seinem misslungenen Selbstmord fast zu Tode gesoffen hatte. Obwohl Amira immer öfter in die Küche verbannt wurde, änderte das nichts daran, dass Abend für Abend kein einziger Platz frei blieb, weshalb es, was den Umsatz anbelangt, noch einmal selige Zeiten waren, zumal damals auch die Geschichte mit dem Pfarrer losging und die Einweihung der Brücke täglich näherrückte, was – alles zusammengenommen – im Dorf für eine nie dagewesene Unruhe sorgte, nur dass es wie bei ausschlagenden Bäumen war, die kurz vor dem Absterben sind.

Während die einen im halbfertigen Tunnel bereits Feste feierten, hätten wir anderen am liebsten Bomben gelegt, auch solche, von denen man so etwas nie gedacht hätte, wie etwa unser Metzger, der mich eines Tages beinahe ernsthaft fragte, ob ich nicht früher Kontakt zu Leuten gehabt hätte, die bei den Palästinensern oder in Libyen ausgebildet worden seien, wofür er mich ein paar Jahre zuvor gewiss noch hätte im Knast sehen wollen, inzwischen aber vor dem Nichts stand und zu fast allem bereit war, mit Mitte fünfzig und einer Metzgerei, die seit Generationen in Familienbesitz war, nur dass wir auf verlorenem Posten standen, obwohl die Front vor allem zwischen den Zugezogenen und den Einheimischen verlief, auch solchen Einheimischen, die eigentlich nichts gegen die Brücke und den Tunnel gehabt hätten, aber nicht von heute auf morgen gegen uns Wirte und Geschäftsleute aufstehen wollten, wobei ich ein paar Jahre früher ja auch für die Brücke gewesen wäre, im Namen der Natur und eines Widerstands, der uns damals an sich als das Wahre galt, ein Widerstand gegen Gott und den Staat und alles, wofür unsere Alten standen, Fleiß und Zucht, Familie und Gehorsam, Gesetz und Ordnung, bloß dass es jetzt ans Eingemachte ging und die Sache nicht mehr zum Lachen war, trotz der armseligen Protestverse, wie man sie inzwischen an fast jedem Ortseingang lesen muss: *Hat der Stau nicht ein End in Dornbach, Gibt es bald einen Mordskrach!*, *Abgas und Gestank macht uns krank, Drum heißt es jetzt: Nein Danke!*, *Jeder mit seinem Auto durch Dornbach schleicht, Weshalb wir nun sagen: Jetzt reicht's!*, wofür eigens ein Dichterwettbewerb stattfand, bei dem der Schöpfer des Spruchs *Zum Teufel mit der Autogruft, Wir brauchen wieder frische Luft!* in der Gemeindehalle ein Flugticket nach Mallorca überreicht bekam, als Preis für den pfiffigsten Einfall, wie es hieß, nur dass auch die Gemeindehalle inzwischen jahraus, jahrein leer steht, da alles anders kam, als man erwartet hatte, und Dornbach sich in ein Geisterdorf verwandeln sollte, was zwar auch seinen Reiz besitzt, jedoch keiner vorhersehen wollte, am allerwenigsten solche, die aus ihm meinten eine jener Oasen der Stille machen zu können, wie das Hotelgewerbe längst alle Ecken anpreist, an denen Dutzende von Bussen sich vor klobigen Herbergen drängen und an jedem zweiten Baum eine Handvoll Schilder Wanderwege durch Naturparadiese weisen.

Natürlich wurde das eine und andere Mal eine Katze überfahren oder auch ein Igel, doch sonst ist keinem etwas passiert, keinem Kind, keiner Oma, keinem Hund, keinem Radfahrer, nur dass trotzdem allerlei Statistiken aufgerollt wurden, die aus unserer Straße eine Mörderstrecke machen wollten, was vor allem Leute zu beweisen versuchten, die vom Verkehr so gut wie nichts mitkriegten und froh hätten sein können, dass im Dorf alles zu haben ist, was man zum Leben braucht, nur dass deren Alltag sich eh woanders abspielte und viele von ihnen bloß zum Schlafen in Dornbach waren, was wir, die Betroffenen, ihnen bei den entsprechenden Versammlungen durchaus ins Gesicht schrien und zuweilen in einem Briefkasten auch ein Päckchen mit Zündschnur und einer kleinen Bombenattrappe landete, was Walter und seine Leute dann untersuchen mussten, aber natürlich nie etwas herausfanden, weshalb es schließlich hieß, wir sollten die Kirche gefälligst im Dorf lassen, was in diesem Fall ein ganz besonders absurder Spruch war, zumal er den anderen hätte gelten müssen, von denen ein paar sogar zum Pfarrer rannten und ihn aufforderten, zum Maßhalten aufzurufen, womit natürlich Leute wie ich gemeint waren, Leute, die ein Geschäft oder eine Wirtschaft besaßen, schließlich wehrt man sich ja zu Recht, wenn einem die Existenz zerstört werden soll, von solchen, denen es mit der Brücke nicht schnell genug gehen konnte, weshalb einem dieses Mäßigungsgerede wie Hohn und Spott vorkommen musste, zumal kein einziger Mensch freiwillig sein eigenes Todesurteil unterschreibt, bloß weil ein paar Schreihälse von Naturhütern im Namen der Ozonlöcher und unserer Kindeskinder wieder einmal die Welt retten wollen, als stehe es um die Zukunft der Menschheit gleich viel besser, wenn in Dornbach die Geschäfte kaputtgehen, die Lautesten von ihnen jedoch ausgerechnet jene waren, die zum Arbeiten nicht nur nach Liedberg nebenan, sondern an den Bodensee oder in die Stadt hinab, wenn nicht sogar in die Schweiz hinüberfuhren und einen Zweitwagen in der Garage stehen hatten, für die Wochenendausflüge und den Supermarkt in Fürstenberg drüben, wo sie nach ihren Großeinkäufen für einen halben Cent billiger als bei mir tanken konnten. Vom Dorfleben hatten diese Leute eh nicht viel mitbekommen, zumal sie weder in der Kneipe saßen noch sonstwie an etwas beteiligt waren, Leute wie diese Frau mit ihren beiden Kindern, die am Ortsrand ein Haus stehen hatten mit glatt gemähtem Rasen und die nur Wirbel machten, wenn gegen Samstagabend noch eine Kreissäge oder sonntags einmal ein Gebläse oder Häcksler zu hören waren, was sie natürlich als Ruhestörung empfanden, weshalb keineswegs alle im Dorf auf ihrer Seite standen, als es mit den Anschuldigungen gegen den Pfarrer losging, vor allem nicht jene Bauern, die auf diese Zugezogenen schon immer hätten verzichten können, außer sie konnten ihnen einen Bauplatz verkaufen, was die Sache dann wieder anders aussehen ließ, wobei einer wie ich sich auf einmal Seite an Seite mit Leuten wiederfand, deren Weltbilder man lieber gar nicht genauer kennen möchte, zumal es die gleichen waren, die uns ein paar Jahre zuvor noch die Scheiben eingeschlagen hatten, und zwar nicht nur ein einziges Mal, worum die Polizei sich aber nicht im Geringsten kümmern wollte, als hätten wir selber es getan, ganz zu schweigen davon, dass auf einen unserer

Anrufe die Streife nur deshalb anrückte, um unsere Ausweise und Führerscheine, die halbe Wohnung und den VW-Bus zu untersuchen, mit allem Drum und Dran, als wollten sie weiß Gott was finden, das Auto stilllegen und uns am liebsten gleich mitnehmen, womit ich mich damals in meiner Meinung, dass man nicht gegen den Staat und das ganze System sein und gleichzeitig die Bullen rufen kann, mehr als nur bestätigt fühlen durfte.

Als es dann mit der Brücke so weit war, ging es nicht nur mit mir, sondern mit allen, die ein Geschäft hatten, rasend bergab, mit dem Metzger, dem Bäcker, den Wirten, den Leuten vom Laden und der Nippestante mit ihren Bommelhüten, Trachtenpuppen und Kuckucksuhren, weshalb nach wenigen Wochen der Gedanke, dass es schlimmer kaum noch kommen kann, fast schon beruhigend wirkte und ich eh das Gefühl hatte, dass das Unglück kleiner ist, wenn es alle betrifft, obwohl einem das rein gar nichts nützt. Hätte Amira mich vor ihrer Abreise gefragt: »Willst du mitkommen?«, würde ich keine einzige Sekunde überlegt haben wohin, schließlich schlafe ich noch heute mit ihrem Bild vor Augen ein, so wie auch gestern, obwohl es sinnlos ist, einem Phantom nachzuhängen, das es zwar leibhaftig gibt, jedoch bereits damals unerreichbar war, nur dass tatsächlich etwas mit ihr nicht gestimmt hätte, würde sie ihr Leben für einen wie mich weggeschmissen haben, für einen am Rande des Schwarzwalds dahindümpelnden Tankstellenpächter, der auch noch gerade dabei ist, seine Tankstelle zu verlieren.

Bis heute schäme ich mich dafür, sie – wie nicht ganz bei mir – auf der Straße angesprochen und zu einer Fahrt in die Stadt eingeladen zu haben, was zwei Stunden später im

Dorf natürlich jeder wusste und Lisa als Allererste erfahren hatte, weshalb Amira von ihr endgültig hinausgeekelt wurde. In vielen, vielen Jahren werde sie mich einmal besuchen, auf einer Reise in die Vergangenheit, zu der dann auch ein Abstecher nach Dornbach gehöre, behauptete sie bei meinem reichlich peinlichen Versuch, sie zu einem Ausflug zu überreden, als könne eine Neunzehnjährige aus dem Sudan, die es für kurze Zeit in unser Dorf verschlagen hat, auch nur das geringste Interesse daran haben, sich mit einem von uns Krüppeln einzulassen, zumal uns ihre bloße Erscheinung endgültig zu Bewusstsein bringen musste, wie hässlich wir eigentlich sind, und zwar jeder von uns, auch wenn das bei manchen dazu führte, dass sie besonders dämlich aufzutrumpfen anfingen, während andere in ihrer Anwesenheit ganz scheu und stumm wurden, als schämten sie sich für jedes Wort, das ihnen über die Lippen kommt.

Die Schwarze hat sofort ihre Kopfhörer eingestöpselt und schaut seither zum Fenster hinaus, nur dass man draußen nichts sieht, sie jedoch jede Regung und jeden Blick von mir wie im Spiegel beobachten kann, weshalb ich sie nicht anschauen darf, zumal sie sonst denken könnte, ich bedaure sie oder wolle mit ihr reden. »Mit dir zusammen ist man schlimmer allein, als wenn man wirklich allein ist«, hatte Lisa mir nicht nur ein einziges Mal vorgehalten, nicht ahnend, wie bedrückend es ist, mit jemandem zusammen zu sein, ohne es wirklich zu wollen, ihn jedoch trotzdem zu brauchen, und sei es, weil alles andere noch schlimmer wäre, zumindest in den Ausgeburten der Phantasie, die derart mächtig werden können, dass man es auf einen Versuch erst gar nicht ankommen lassen will, zumal solche Versuche so gut wie nie rückgängig zu machen sind und es deshalb leichter ist, das alte Spiel weiterzuspielen, als am Ende allein dazustehen, nur dass es auch mir lieber gewesen wäre, es hätte dieses Engegefühl nie gegeben, ein Engegefühl, das immer dann aufkommt, wenn ich mich zu etwas gedrängt fühle, und sei es, dass ich mit ihr schlafen soll, wobei mir dann ist, als werde die Luft knapp, verbunden mit einer urplötzlichen Müdigkeit, die geradezu einer Lähmung gleichkommt, weshalb man bloß noch weg möchte, aber nicht weiß wohin, dem anderen jedoch vormachen muss, als sei alles nicht so schlimm, und zwar schon deshalb, weil er auf keinen Fall wissen darf, wie sehr man sich wegsehnt. Immer wenn ich solche Frauen wie diese Schwarze sehe, die ich sofort berühren möchte, fürchte ich, sie könnten tatsächlich einmal an einen wie mich geraten, und gleichzeitig denke ich, mit anderen werden sie auch kein Glück haben und vielleicht noch schlimmer dran sein.

Dass es Herbst wird, merkt man nachts dann doch, jedenfalls hier oben in Kalthütten beim Warten auf den Anschlusszug auf einem toten Bahnhof, wo ich der Einzige bin, der noch weiter will. Steht man, weit und breit alleine, wie losgelöst von allem in der Nacht herum, fällt einem wieder einmal auf, wie häufig man in Gedanken mit anderen spricht, und sei es, dass man sich vorstellt, von jemandem gesehen zu werden, den man selbst nicht sieht, als stehe jemand hinter einem Fenster und schaue einem zu wie in einem Film, dessen einziger Darsteller ich im Moment bin, wodurch auf einmal alles sich verändert, obwohl man dabei nicht anders als bisher auf diesem Bahnsteig herumsteht, jedoch das Gefühl bekommt, dieses Warten und Herumstehen werde dadurch sofort sinnvoller, als verwandle es sich durchs bloße Erblicktwerden in etwas Größeres, Bedeutsameres, aber auch Rätselhafteres, und sei es deshalb, weil dieser Zuschauer sich vielleicht fragt, was in demjenigen, den er da sieht, eigentlich vorgeht. Dabei kann es sein, dass jetzt tatsächlich einige Leute an mich denken, und sei es deshalb, weil sie mich bereits wieder suchen und vor meinem Haus stehen, mit Handschellen und einem Dokument, auf dem steht, dass ich verhaftet bin, und zwar diesmal nicht nur für eine einzige Nacht, sondern so lange, bis es zum Prozess kommt, was bekanntlich dauern kann, und all das nur, weil diese Frau mir vielleicht mehr anzuhängen versucht, als es der Wahrheit entspricht, man meinen Worten vor Gericht jedoch weniger als den ihren glauben wird, zumal sie das Opfer ist und ich zu den Tätern gehöre, obwohl ich nicht das Geringste getan habe. Hätte ich genug Geld auf Jahre hinaus, würde ich, so schnell es geht, einen ganz anderen Zug nehmen und mich auf die Suche nach diesen beiden begeben, schließlich sollten sie mir wenigstens erklären, warum sie mich in diese Sache überhaupt meinten hineinziehen zu müssen. Dass sie es hinter meinem Rücken miteinander treiben, kann mir im Grunde egal sein, zumal es weder mit Lisa noch ihm je wieder eine Zukunft geben wird, nur dass sie trotzdem dafür büßen sollten, und sei es bloß dadurch, dass ich noch ein einziges und letztes Mal stumm vor ihnen stehe oder ihnen einfach ins Gesicht spucke, bevor sie mich nie wiedersehen werden. Andererseits wird es sich schlecht vermeiden lassen, einander vor Gericht zu begegnen, vorausgesetzt sie werden geschnappt.

Da es hier oben um diese Zeit keine Lautsprecherdurchsagen mehr gibt, könnte es auch sein, dass mein Zug überhaupt nicht mehr kommt, es aber immer kühler wird und ich nur eine leichte Jacke dabeihabe, schließlich konnte gestern Morgen noch kein Mensch ahnen, dass ich heute um diese Zeit auf dem leeren Bahnhof in Kalthütten herumstehe. Wäre wenigstens irgendwo ein Fenster erleuchtet, könnte man dort klingeln und sich einen Mantel ausleihen, doch es gibt hier nicht einmal eine Telefonzelle, von der aus ich Walter anrufen könnte. Wüßte jemand nicht, wie es ist, wenn nichts sich mehr regt, müsste er nur wie ich eine Weile zwischen diesen Gleisen auf- und abgehen, an einem Ort, der wie erfunden wirkt, eigens um eine solche Erfahrung zu machen, zumal tatsächlich kein Zug mehr zu kommen scheint, nur dass am Himmel entlang immer wieder Lichtpunkte gleiten, in einer Höhe, die nachts noch viel weiter weg als tagsüber wirkt, Lichtpunkte, in denen man jetzt auch sitzen möchte, wobei Lisa und Johannes tatsächlich unter denen sein könnten, die in diesen Fliegern anderen Erdteilen entgegeneilen und sich vielleicht gerade Kaffee und Cognac servieren lassen, von Stewardessen, die entsetzt wären, erführen sie, dass am Ziel bereits die Polizei auf die beiden wartet.

Der Zug müsste längst da sein oder war zu früh dran, und sei es nur zwei Minuten, auf die ein Lokführer nachts in der Pampa nicht mehr achtet, zumal es eh ein Wunder ist, dass es diese Strecke überhaupt noch gibt, schließlich wurde die unsrige am Bahnwärterhäuschen vorbei schon vor Jahren stillgelegt, obwohl nur noch dreimal am Tag ein Zug gefahren war, morgens, mittags, abends, wegen der Schüler und einer Handvoll Pendler, zwischen denen mit Tüten bepackte Hausfrauen und manchmal ein paar Urlauber saßen, jedoch zwischenzeitlich wieder ein Zug eingesetzt wurde, allerdings nur am Wochenende und bloß einen Sommer lang, wobei wir damals fast schon vermuteten, die Wiedereröffnung der Strecke diene vor allem dazu, dass die Leute im Vorbeifahren diesen perversen Eremiten von ehemaligem Pfarrer begaffen können, zumal der Zug tatsächlich manchmal auffällig langsam am Bahnwärterhäuschen vorbeifuhr und zuweilen sogar beinahe zum Stillstand kam, wenn es an seinem Haus vorbeiging, nur dass außer dem Lokführer selten noch jemand anderes drinnen saß.

Den gewaltigen Wall von Berg auf der Rückseite des Bahnhofs erahnt man in der Dunkelheit lediglich, zumal dort bloß etwas endlos Schwarzes aufragt, das auch die reine Nacht sein könnte. Wäre hier wenigstens eine Kneipe offen, könnte man ein Taxi rufen lassen und während des Wartens ein Bier trinken, auch das wie in Filmen, die eine anziehende Trostlosigkeit verbreiten, mit Figuren, die unter einem gelblichen Funzellicht verloren zwischen zugewachsenen Gleisen herumstehen und nach einer Weile ein einsames Wirtshaus ansteuern, ohne jedes weitere Ziel, aber gerade deshalb mit einem Geheimnis behaftet, hinter dem überhaupt nichts Schlimmes stecken muss, jedoch bei jedem die Frage nach dem Woher und Wohin aufkommen lässt, wie sie jeden betrifft, vor allem bei Figuren, die eine Fremdheit ausstrahlen, wie man sie sich manchmal für sich selber wünscht, ich hier allerdings nicht in einem Film mitspiele, sondern tatsächlich auf einen Zug warte, einen Zug, der nicht kommen will, obwohl es längst Zeit wäre. Am Ende stehe ich noch in einer Stunde hier und friere immer mehr, anstatt im Bett zu liegen und zu schlafen, so erledigt, wie ich bin und außer mir zugleich, weshalb ich mich allmählich zu Fuß auf den Weg machen sollte, nur dass es bis Liedberg hinüber an die vier Stunden dauern könnte, wenn nicht sogar länger, und man dann schon in den Morgen hineinliefe, einem Sonnenaufgang entgegen, wie ich ihn seit Jahrzehnten nicht mehr erlebt habe.

Während Johannes inzwischen offensichtlich entdecken musste, dass er doch nicht fürs Alleinsein gemacht ist, gelingt mir weder das eine noch das andere, nicht das Allein- und nicht das Zuzweitsein und auch nicht ein Wohngemeinschaftsdasein, wie wir es jahrelang im Bahnwärterhäuschen ausprobiert haben, was nicht nur schlechte Zeiten waren, zumindest nicht am Anfang, als wir unsere lockere Verwahrlosung als nie dagewesene Freiheit erlebten, sogar gerade dann, wenn wir oft tagelang nur herumlagen, bloß Musik hörten und uns in vernebelten Stimmungen aufzulösen schienen, wobei gleich dem ewigen Licht die schwache Glühbirne mit dem vielen Fliegendreck von der Küchendecke herabbaumelte, während wir dort stundenlang um den Tisch herumsaßen, oft von morgens bis abends, auf jeden Fall aber nachts, kiffend, quatschend, die Zeit totschlagend, sich einig in der Gewissheit, dass man anders leben will als alle andern.

Als sei's im Traum, kommt es mir vor, so wie man träumt, dass man träumt, nur dass es einen dann doch zu irritieren anfängt und der Traum ins Wirkliche umkippt, zumal es irgendwann nicht mehr zu überhören ist, dass das Geräusch nicht aus einem selbst, sondern von draußen kommt, genauer gesagt aus dem eigenen Haus, was einem langsam bewusst wird, bis man dann denkt: Na klar, ich liege ja in meinem Bett, und da klingelt wohl jemand, was gleich einen Widerwillen aufkommen lässt, noch vor dem ersten Augenauftun, zumal einem sofort in den Kopf schießt: Schon wieder die Polizei!, als wollten sie einen erneut abführen, in Unterhemd und Unterhose, für nichts und wieder nichts, nur weil ich ein paar Kleinigkeiten zu sagen vergessen habe, Kleinigkeiten, für die man mich in den Zeugenstand bitten könnte und nicht in eine Zelle stecken müsste, vor allem nicht morgens um sieben, nach kaum drei Stunden Schlaf, mit einer gehörigen Fahne, nur dass, als ich im Morgenmantel öffne, wieder so ein Bub in der Tür steht, ein Bub mit Kameramann und Mikrofon in der Hand, der sich vor Entschuldigungen überschlägt und etwas von »Ich habe extra gewartet« quasselt, ein Exklusivinterview, gegen Geld selbstverständlich, ein halbes Monatsgehalt, was für seinen Sender wahrscheinlich eine lächerliche Summe ist, eine Summe, die sogar etwas Beleidigendes hat, verglichen mit dem, was da sonst ausgegeben wird, nur dass ich sie trotzdem brauchen könnte und man bloß staunen kann, wie diese Buben sofort mit Geld um sich schmeißen, Buben, wie es auch dieser Richter einer war, dieser hier aber nur aus Frechheit besteht, mit blond gefärbten Strähnen im Haar, was ihn unseriös macht, man mag ja denken, wie man will, ohne kleinlich zu sein, in mir jedoch alles rebelliert, bei einer Jugend, die aus reiner Ehrgeizgeilheit besteht, zumal er ständig beteuert, auf meiner Seite zu sein, was reichlich unverschämt ist, schließlich bin ich nicht angeklagt und schon zweimal keines Verbrechens überführt, muss mich aber in meinen eigenen Hausflur hineinschubsen lassen wie einer, mit dem man alles machen kann, während der andere gleich überall seine Kamera herumschwenkt und man sich fragt, warum diese Fotografen und Kameraleute eigentlich alle gleich aussehen müssen, mit ihren Dreitagebärten und eitlen Hippieschwänzchen, ganz zu schweigen von ihren Kakihosen, wie Abenteurer auf unentwegter Safari, Wichtigtuer, die bloß auf Pressekonferenzen herumlungern, Leute wie mich belästigen, kein Benehmen haben und mir nichts, dir nichts in fremde Häuser hineinspazieren, als gestatte ihnen ein Gesetz solche Frechheiten, was nachweislich nicht der Fall ist und es mir deshalb auch niemand übel nehmen kann, dass ich ihm die Kamera aus der Hand schlage, was ihn ein Geschrei anfangen lässt, als sei ich ihm an die Gurgel gegangen, ein Geschrei von wegen Anzeige, er dagegen froh sein kann, dass ich ihm bloß mit einer Klage wegen Hausfriedensbruch drohe, was ihn kaum zu beeindrucken scheint, zumal er, scheinbar wieder ganz ruhig und wie im Triumph, zu seinem Chefbuben sagt: »Wir haben genug Material!«, dieser Kerl jedoch sein Angebot verdoppeln will, als werde die Sache jetzt erst richtig spannend, weil er wahrscheinlich meint, dass einer wie ich, der sofort um sich schlägt, nicht mehr aus noch ein weiß, die beiden allerdings anfangen einzupacken, als ich das Telefon in die Hand nehme und Walters Nummer wähle.

Es sind nicht die Einzigen, auch vor dem *Löwen* stehen noch drei Autos, davon zwei schwarze Kombis mit Nummern, die mir nichts sagen, weit und breit jedoch keine Polizei und auch sonst niemand, sodass man sich eigentlich wieder ins Bett legen könnte, mit einem Ohrensausen so laut, als sei es ein Surren von draußen, und einem Stechen im Kopf von der Stirn bis zum Nacken. Bei Walter spricht nur der Anrufbeantworter, morgens kurz nach sieben, während es auf der Dienststelle heißt, er sei unterwegs, was immer das heißen mag, von daheim zur Arbeit oder querbeet im Bezirk umher, weshalb endlich eine Zeitung her muss, nur dass sie bei Lisa drüben in der Röhre steckt, direkt neben den Autos, in deren mittlerem womöglich welche sitzen, soweit sich bei den getönten Scheiben überhaupt etwas erkennen lässt, ich aber niemandem Rede und Antwort stehen will, wer immer es sei, zumal nicht in diesem Zustand.

Am besten, ich wäre in der Stadt geblieben, abseits von allem, anonym in einem Hotel, wo es um diese Zeit nach Kaffee riecht, wie zuletzt in Paris, genau vor einem Jahr, bei einem Frühstück mit Straßenblick, wodurch alles gleich sinnvoll erscheinen will, nicht bloß das Kommen und Gehen, selbst die Vorhänge an den Fenstern gegenüber und das Blinken der Ladenschilder, rein alles, was da ist, als müsse es so sein, auf ewig und immer. »Schönen Tag auch!«, höhnte der Schnösel noch die Stufen hinab, Drohung, Verwünschung, Rache, weiß Gott was, mit Turnschuhen, die zu seiner Jacke überhaupt nicht passen, und Sohlen so dick, als wolle er sich größer machen, einer, der wahrscheinlich immer als Erster klingelt und sagt: »Ich habe extra gewartet!«, während der andere schon auf die Kamera klickt und Bilder schießt, die dann in irgendwelchen Redaktionsstuben herumliegen, Fotos, so verlogen wie damals bei meinem Interview, aufgenommen weiß Gott wo, vielleicht in einem Biergarten bei Nacht, nur dass es dann heißt, man habe es im Archiv gehabt, als sei einer wie ich längst aktenkundig, zumal das Wort Archiv einen sofort erschrecken lässt, selbst dann, wenn dabei sogar Stolz mitschwingt, schließlich taucht nicht jeder in einem Archiv auf.

Wieder ein wolkenloser Himmel, ein Tag für Ausflüge oder den Garten, wenn bloß das Kopfweh nicht wäre, ein Kopfweh, das mich sogleich den Traum vergessen ließ, der beim Aufwachen noch kurz nachwehte, als habe es nicht nur geklingelt, sondern auch ein Gockel gekräht, halb im Traum, halb in Wirklichkeit, zumal es hier tatsächlich einen gibt, drüben am Hang, auf dem Weg zum Maler hinauf, den ich mir eigentlich vorknöpfen sollte. Als sei alles anders, scheinen mich selbst die Dinge in der Küche fremd anzublicken oder, besser gesagt, sich zurückgezogen zu haben, in eine Gleichgültigkeit hinein, als sei ich nicht bloß eine einzige Nacht, sondern ganze Jahre weggewesen: das Vesperbrett mit dem Wurstzipfel drauf, der Löffel, die Tasse, die Kaffeemaschine, der Mülleimer, das Gurkenglas mit dem Münzgeld drin, sie alle stehen da, als hätten sie sich selbst so angeordnet und bräuchten mich nicht mehr, und zwar schon deshalb, weil sonst alles wieder durcheinandergeriete, nur dass die Küchenuhr mit stoischem

Gleichmut ihre Arbeit verrichtet, als sei nichts gewesen. Nachts hatte einmal das Telefon geklingelt, doch als ich dann aufstand, war es wieder weg, wobei ich sowieso nicht abgehoben hätte, zumal es vermutlich abgehört wird, was aber auch bloß eine jener Phantasien sein kann, wie wir sie damals kultiviert hatten, als man sich danach sehnte, verfolgt zu werden, nur dass uns der Staat diesen Gefallen nicht einmal tun wollte, die Dinge jetzt allerdings anders liegen und dieses Klingeln im Dunkeln tatsächlich etwas Gruseliges hatte, weit gruseliger, als mir diese Nacht, da es passiert ist, vorkommen wollte. Am liebsten hätte ich zu beten angefangen, nicht aus Angst, dass mir etwas geschehen könnte, doch um wieder ruhiger zu werden, mir allerdings keine Gebete einfallen wollten, außer dem Vaterunser, das mir jedoch nicht zu passen schien, als könnten manchmal nur Engel helfen, mir aber auch kein Engelsgebet einfallen wollte, weshalb ich wieder das Gedicht mit der Ulme zusammenzureimen versuchte, *zu Hirsau in den Trümmern*, es aber auch diesmal nicht schaffte.

Reichlich früh fängt hier einer mit Holzhacken an, nur dass sich schwer ausmachen lässt, woher die Schläge kommen, da es mit dem Nachhall immer so klingt, als sei es auf den Bergen oben, dort, wo der Maler wohnt, der etwas zu hören bekommen wird, wenn auch nicht heute und auch noch nicht morgen, dieser Maler, der überhaupt nichts zu gewinnen hatte, als er meinte, mich anzeigen zu müssen, allein um sich wichtigzumachen.

Dass ihnen nichts Besseres einfällt, als ausgerechnet heute hier bei mir vorzufahren, will man kaum glauben, ausgerechnet heute und das auch noch zu einer Tageszeit, in der für mich die Nacht sonst kaum zur Hälfte vorbei ist, doch woher sollen sie auch wissen, in welcher Lage ich bin, zumal sie ja keine Zeitung lesen können, zumindest keine deutsche, aber ausgerechnet jetzt hier auftauchen müssen, auch wenn es versprochen war, mir unser Treffen jedoch vollkommen entfallen ist, was die Sache nicht einfacher macht, weshalb ich am besten nicht öffne, als sei niemand da, mein Auto allerdings vor der Werkstatt steht, was nichts bedeuten muss, zumal ich ja noch im Knast stecken könnte, wovon die beiden wiederum nichts mitbekommen haben, schließlich wären sie sonst auf keinen Fall hier, weswegen sie auch sofort wieder verschwinden müssen.

»Wajda«, zeigt er, als sie in der Tür stehen, auf den andern, nur dass Wajda weder Hallo sagt noch sonst etwas, auch nicht nickt oder einem die Hand gibt, als sei er taubstumm, was bei einigen von denen der Fall zu sein scheint, die Andrej ab und zu dabeihat, als gehöre ein verstocktes Schweigen zu diesem Geschäft, ein Schweigen, das reichlich ungemütlich ist, woran ich inzwischen aber gewohnt bin, bloß dass Andrej nicht im Geringsten kapieren will, warum sie auf der Stelle wieder abhauen müssen, nicht nur meinet-, sondern auch ihretwegen, wofür das Wort Polizei normalerweise genügt und alle Alarmglocken auslöst, es heute Morgen jedoch jede Bedrohung verloren zu haben scheint, zumindest bei diesen beiden, die in aller Schnelle das Zeugs abholen wollen, dieses Zeugs allerdings überhaupt nicht fertig ist, was ich ihnen jetzt aber schwer erklären kann, zumal Andrej gleich herrisch wird: »Heute fertig, du sagen!«, was aus seinem Mund nach allem andern als einer Nachfrage klingt, weshalb ich lediglich wiederholen kann: »Na klar, geht in Ordnung, aber nicht heute! Polizei! Du verstehen! Polizei! Hier, heute!«, mein ganzes Gefuchtel jedoch reichlich wenig bringt, ganz im Gegenteil, schließlich will er mich, wie man es mit Kindern macht, auch noch damit zum Schweigen bringen, dass er mit dem Zeigefinger die Lippen verschließt und in die Küche hinabzeigt, ich die beiden aber auf keinen Fall in meinem Haus haben will, nicht heute, nicht morgen und auch in zwei Wochen nicht, was er als eine Art Widerstand empfindet, weshalb er mich, genauso wie diese beiden Burschen vorhin, immer weiter in den Flur hineindrängt, als sei ich ein Würstchen, das gefälligst zu spuren hat, weshalb mir der Kragen platzt: »Wann holt ihr endlich diesen Russenschrott ab, der hier jetzt schon seit Jahren herumliegt?«, er aber so tut, als wisse er nicht, wovon die Rede ist, und derart entnervt stöhnt, dass man fürchten muss, ihm könnte gleich die Hand ausrutschen, während der andere nur stumm und dumm herumsteht, ein Wajda, der vermutlich ganz anders heißt, Bogdan, Jerschy, Woytek, Hani, nur Mohamed nicht, zumal bei diesen Typen wahrscheinlich kein einziger Name stimmt, Gesindel ohne Adressen, mit einer Werkstatt in den Karpaten oder wo auch immer, einer Werkstatt, wo sie all das Zeugs wieder zusammenschweißen, das ich für sie auseinandernehme, bloß dass diese zwei sich heute Morgen wie Idioten anstellen, als erwarte sie Schlimmstes, wenn einmal etwas nicht läuft wie geplant, ich jedoch beim besten Willen nicht mitkommen kann, auch für zwei, drei Stunden nicht, was eh wenig brächte, Andrej aber befiehlt: »Kommen mit!«, und zwar derart endgültig, dass jede Widerrede einem Kampf gleichkäme, zumal er mich bereits zum Haus hinaus und in den Wagen hineinschiebt und ich, zwischen den beiden eingeklemmt, einfach abtransportiert werde, zum Dorf hinaus Richtung Liedberg, wo gottlob nirgends etwas von einer Polizei zu sehen und außer Schulbussen und Kieslastern so gut wie nichts unterwegs ist, ich aber auf Andrej nur in reinstem Babydeutsch einreden kann: »Polizei kommen!, Gefängnis!, Frau tot!«, nur dass er sich inzwischen genauso taub wie der andere stellt und seine eh schon kolossale Kinnlade dabei noch monströser aussieht, während der Morgen schöner nicht sein könnte und das Land erst am Aufwachen ist, weshalb ich mich, da eh alles nichts nützt, unbequem zurücklehne und den Geschlagenen gebe, Andrej jedoch nach einer Weile scheinbar seelenruhig etwas auf Polnisch sagt, zwei, drei Wörter nur, worauf der andere in die Bremse tritt, Andrej die Tür aufreißt, mich herauszerrt, in der Pampa stehen lässt, die beiden umdrehen und im wahrsten Sinne des Wortes davonkurven, die Allee hinab mit ihren Windungen, dorthin zurück, woher wir gekommen sind, was immer das bedeuten mag, nur dass sie nach wie vor keine Ahnung davon haben, was eigentlich vorgefallen ist, sich aber auch nichts sagen lassen, weshalb es Schluss sein muss, auf immer und ewig, selbst wenn mir das Geld ausgeht.

Immerhin bin ich jetzt so weit weg von daheim, dass mich hier kaum noch einer kennen kann, zwei Dörfer hinter Liedberg bereits, mitten im Grünen, auf einer verschatteten Pappelallee, die, soweit das Auge reicht, nicht enden will, eine Landstraße wie auf alten Bildern, im friedlichsten Altweibersommer, mit weißen Streifen auf den Bäumen anstelle von Pfeilern, nur dass ich bis zwölf bei der Polizei sein muss, in Fürstenberg drüben, ganz andere

Richtung, weit und breit allerdings kein Ort zu sehen ist, nur Wiesen und Wälder und ein Gehöft in der Ferne.

Laster, Bagger, Raupen, nach einer halben Fußstunde eine Großbaustelle, ohne dass schon sichtbar würde, was sie einmal ergeben soll, Supermarkt, Fabrikhalle oder vielleicht sogar einen Golfplatz, wie Lisa vor Jahren einen in Dornbach planen wollte, als damals alles bergab ging, nur dass ihr solche Ideen bloß das Gefühl geben sollten, am Anfang und nicht am Ende zu sein, ein Golfplatz in einer Umgebung, die Untergang ausstrahlt, ganz zu schweigen von allen anderen Dingen, Kosten, Banken, Investoren, Interessenten, inzwischen jedoch tatsächlich ein solcher Platz entstehen soll, irgendwo hinter Liedberg, ein Golfplatz mit Hotel und Anlagensee, was durchaus in dieser Ecke hier sein könnte, zwei Felder groß oder sogar drei, nur dass der Bauherr noch kein Schild angebracht hat, als müsse erst gerodet werden, mit Baggern, Lastern, Walzen, Raupen, denen ich, wie früher als Kind, ganze Stunden zuschauen könnte, auch wenn nur immer das Gleiche passiert: wenden, kippen, aufladen, graben, mit Rädern so groß wie ganze Autos, eine Kraft ohne Eile, massig und träge, und Bewegungen so eckig, dass sie bereits wieder elegant wirken.

Als fingen die Gedanken im Gehen an sich aufzulösen, sollte ich mich öfter ins Freie hinaus verirren, nicht nur, wenn ich es irgendwelchen Polen zu verdanken habe, Polen, die gar nicht wissen, welchen Gefallen sie mir getan haben, hier draußen zwischen den Dörfern, nur dass ich rechtzeitig in Fürstenberg sein muss, um nicht sofort wieder gesucht zu werden, zumal es wie eine Art Spiel unter Erwachsenen ist: einfangen, freilassen, Regeln befolgen. Warum hier viel mehr Misteln als bei uns drüben in den Bäumen sitzen, könnte sicherlich Lisa erklären, und auch das, was man mit ihnen alles anstellen kann, zumal sie immer an Weihnachten welche über die Stubentür hängte und darunter einen Kuss von mir wollte, einen Kuss, der alles andere als nur symbolisch sein durfte, als könne ein richtiges Sich-ineinander-Verschlingen die Dinge wieder zum Guten wenden, zumal an Weihnachten unter einer Mistel.

Lange muss es her sein, dass ich zum letzten Mal Bus gefahren bin, zuletzt vermutlich in der Schulzeit, am liebsten über dem Rad, ein wenig über den andern sitzend, hundemüde morgens um sieben beim Hausaufgabenmachen, täglich mit dem Vorsatz, diesmal abends wirklich früh schlafen zu gehen, über Jahre hinweg, die immergleiche Fahrt, durch Dörfer, die nicht viel anders aussahen: Vorgärten, Zierpflanzen, Vorhänge, Holzzäune, Briefkästen, Beete, Rasen, Blumen, Gemüse, Balkone, Terrassen, Teerwege, Garagen, Antennen, Ortsschilder, Wiesen, Kühe, Felder, Obstbäume, Wälder, nur dass die Namen nicht wie aus dem Bilderbuch waren: Heutal, Rehberg, Hundsdorf, Fischgrund.

Wir hätten hier wie im Paradies leben können, wenn wir es gemerkt hätten, obwohl man nicht übertreiben soll, auch das nicht, was jetzt passiert ist, so schlimm es gewesen sein mag, wobei ich jetzt auch heimgehen, ins Auto steigen, eine Böschung hinab- oder gegen einen Baum rasen könnte und vielleicht ins Krankenhaus eingeliefert würde, was wie beim Toni nach Selbstmordversuch aussähe, einem Versuch, den man hätte grotesker nicht inszenieren können, im Traktor sitzend, einen Strick um den Hals, das andere Ende um einen Baum gewickelt, was eine derartige Narrheit war, dass wirklich keiner wusste, ob man lachen, den Kopf schütteln oder weiß Gott was sagen soll, manch einer allerdings auch meinte, er hätte es besser gehabt, die Sache wäre gut gegangen.

Im *Donauboten* eine Meldung, die kleiner kaum sein könnte, zehn Zeilen, nicht mehr, mit der Überschrift *Freigelassen*, womit niemand anderes als ich gemeint bin und worin es von der schwer misshandelten Sibylle B. heißt, sie liege immer noch im Kreiskrankenhaus Fürstenberg, gleich nebenan also, keine zehn Minuten von hier, es ihr jedoch den Umständen entsprechend schon besser gehe, bloß dass die mutmaßlichen Täter sich immer noch auf der Flucht befänden, während der Mitverdächtige Richard T., also ich, wieder auf freiem Fuß sei, als wüssten die Leute hier herum nicht, wer Johannes S., Richard T. und Lisa S. sind, zumal auch noch dabeisteht, dass er ein ehemaliger Pfarrer ist und sie eine Wirtschaft betreibt, eine Wirtschaft in Dornbach, wo auch er wohne, weshalb sie gleich die Adressen und Telefonnummern hätten mitliefern können, nur dass Johannes nie ein Telefon besaß, außer früher im Pfarrhaus, jetzt jedoch alle wissen, dass ich nur gegen Auflagen frei und somit immer noch ein Verdächtiger bin. Eingeklemmt ist diese Notiz zwischen zwei andere Meldungen, wonach auf der Schwäbischen Alb ein Räuber-Trio gefasst wurde, das in sechzehn Fällen ältere Damen überfallen hatte, während in der Stadt unten ein Bagger eine Gasleitung gekappt, der Bürgermeister die Evakuierung der ganzen Straße angeordnet und nach einem halben Tag der Einsatzleiter erklärt hat, in keinem einzigen Augenblick habe auch nur die geringste Gefahr bestanden, worauf die Leute in ihre

Häuser zurück- und die zweihundert Polizisten, Feuerwehrleute, Sanitäter und sonstigen Helfer wieder heimgehen konnten, zwei Meldungen, die weit größer ausfallen als diese Notiz über uns, vor allem diejenige mit der Gasleitung, welche mit einer Baggerschaufel bebildert ist, einem Foto, das wahrscheinlich auch aus dem Archiv stammt, zumal außer einer rostigen Schaufel überhaupt nichts zu sehen ist, keine Straße, kein Loch, keine einzige Leitung. Immerhin kommt mir jetzt dieser Name wieder: Sibylle Bern, zumal ich mich seit dem Verhör frage, warum dabei eigentlich ihr Name nicht fiel, obwohl sie im Grunde im Mittelpunkt stand und es deshalb nur eine List sein konnte, ihn nicht auszusprechen, in der Hoffnung, ich erwähnte ihn von alleine, womit dann klar gewesen wäre, dass ich mehr weiß, als ich sage, einen Namen, der mir ums Verrecken nicht mehr einfallen wollte, dazu einer, der zu ihr wie kein anderer passt, zu einer Frau, die Moderatorin im Fernsehen sein könnte, so dünn und blond, wie sie ist, und in ihrer Eleganz trotzdem locker wirken will, eine Frau, die vermutlich auch mit sechzig noch wie vierzig aussehen wird, zumindest nach ihrer Erscheinung von damals zu gehen, nur dass man an diesem Abend wirklich nicht mehr erkennen konnte, ob sie gealtert ist oder sich sonstwie verändert hat, mir allerdings ihre Turnschuhe nicht mehr aus dem Kopf gehen wollten, rote Turnschuhe mit weißen Streifen, als sei sie auf dem Weg zum Joggen.

Im *Schwarzwaldkurier* die gleiche Meldung wie im *Donauboten*, als interessiere man sich kaum noch für diese Geschichte, schließlich fängt nicht einmal die Wirtin ein Gespräch mit einem Kopfschütteln und dem Satz an: »Haben Sie schon gehört«, obwohl ich allein mit ihr hier draußen bin, nur dass sie die gestrigen Zeitungen bereits weggeschmissen hat und mich fragt: »Haben Sie etwas Bestimmtes suchen wollen?«, was ich abwinke, so gelangweilt wie nur möglich, sie sich dann aber trotzdem über den Papierkorb bückt, mir ihren Hintern entgegenstreckt und noch etwas Altes herausfischt, die Wochenendbeilage vom Samstag mit dem Löwen drauf, eine Geschichte, die ich gerade zu lesen anfangen wollte, als Lisa anrief, mit einer Flasche Wein auf dem Tisch und dem Vesper, eine Zeitung aus einer Zeit, als noch keiner ahnen konnte, wie schnell sich alles ändern sollte, von jetzt auf gleich, am selbigen Tag, als die Welt bis in die Mittagszeit hinein noch in Ordnung war, so sehr, dass sie von heute aus wie der reinste Frieden erscheint, als habe es geradezu etwas Unwirkliches, diese Zeitung in Händen zu halten, so unwirklich, als lasse sich damit die Zeit zurückdrehen und alles ungeschehen machen, mit diesem Bild des Löwen vor Augen, neben dem man erfährt, dass im Jahre 1794, als Robespierre seinem eigenen Terror zum Opfer gefallen ist, der Direktor des neu gegründeten Pariser Zoos die Parole ausgegeben hat: »Es gibt keinen König in der Natur!«, während auf der nächsten Seite ein Artikel der halben Menschheit ein baldiges Ende voraussagt, zumal Astronomen berechnet haben wollen, dass ein Planet, der im All umherirrt, in exakt fünfundzwanzig Jahren auf der Erde einschlagen wird.

Als sei sie zum Auswendiglernen, lese ich noch zehnmal hintereinander die Meldung über uns, so schlicht sie ist und keinerlei Geheimnis besitzt, zumal die beiden andern um sie herum, zwischen die sie eingeklemmt ist, bei aller Kürze wenigstens richtige Geschichten sind, Geschichten mit einem Anfang und einem richtigen Abschluss, während sich in unserem Fall noch überhaupt nichts geklärt hat, obwohl so gut wie alles offen daliegt, nur nicht der genaue Ablauf, ganz zu schweigen vom Auslöser und den Zufällen dieses Zusammentreffens, zumal Lisa zu großen Erklärungen nicht mehr in der Lage war und es mich sofort wieder nach draußen drängte, als mache jeder weitere Augenblick mich zum Mittäter, was mir jetzt aber nicht den Appetit verderben soll, schon zweimal nicht bei dieser Wirtin, die immer wieder wie eine Mama zu mir herüberblickt, zufrieden damit, wie es ihrem Kind schmeckt, Wurstsalat mit Bratkartoffeln, ein Essen wie seit Tagen nicht mehr, sodass man gleich noch eine Portion bestellen möchte.

So unauffindbar, wie er seit heute Morgen ist, könnte man meinen, er wolle sich vor mir verstecken, immerhin gibt es ja auch noch den Anrufbeantworter, außer er hätte Angst, das Telefon würde überwacht, was er allerdings wissen, wenn nicht sogar veranlasst haben müsste, auf Anweisung von oben sozusagen, weshalb er vielleicht ganz schön in der Klemme steckt und sich deshalb in Luft aufzulösen versucht, zumal er eh ein feiger Hund ist, bei aller Verschlagenheit. Warum er jedoch just gerade dann abwesend sein musste, als ich mit ausdrücklicher Verspätungsankündigung bei ihm auf dem Revier erschien, verstehe, wer will, nur dass er womöglich sogar um die Ecke war, ich jedoch diesen vespernden Beamten, der von mir in geradezu fahrlässiger Eile den Ausweis sehen und eine Unterschrift wollte, schlecht fragen konnte, ob denn der Walter da ist, zumal ich mich bereits am Telefon nach ihm erkundigt hatte, als die Wirtin daneben stand und wissen wollte: »Hat alles geklappt?« Dass ich wegen einer läppischen Unterschrift tagtäglich nach Fürstenberg hinüber soll, ist reichlich absurd, andererseits gibt es eh nichts zu tun, weshalb man auch ein bisschen in der Gegend herumfahren kann.

Dass die Autos vor dem *Löwen* verschwunden sind und kein einziger Fremder zu sehen ist, kann mir mehr als nur recht sein, auch wenn es einen wundert, dass das heute Morgen alles gewesen sein soll und außer den grünen Amtssiegeln an Lisas Türen so gut wie nichts auf etwas Besonderes hindeutet. Auf dem lange nicht mehr gemähten Fußballplatz versuchen zwei Buben, einen Drachen zum Fliegen zu bringen, obwohl nicht der geringste Wind weht und alle Mühe vergeblich bleibt, sie aber immer von neuem losrennen, jedoch in dem viel zu hohen Gras ständig hinfliegen, anstatt es drüben an einem der Hänge zu probieren, was zwar auch aussichtslos wäre, sie sich dort aber wenigstens am richtigen Ort befänden, wobei sie diese Vergeblichkeit kaum zu stören scheint und sie mit ihrem mühseligen Herumspurten das, was sie wollen, bereits erreicht zu haben scheinen, nur dass auf einmal der ehemalige Frisör, der inzwischen Zeitungen austrägt, den Feldweg herabgeradelt kommt und brüllt: »Anton, du kommst sofort her!«, sich von den beiden aber keiner angesprochen fühlt und man deshalb auch nicht erahnt, welcher von ihnen der Anton ist, das Sichtaubstellen dieser beiden den früheren Frisör allerdings derart aufbringt, dass er vor Wut sein Fahrrad hinschmeißt und auf den Fußballplatz rennt, die zwei jedoch wie angewachsen stehen bleiben und einander nach wie vor anschauen, gleichsam erstarrt, aber auch wie vollkommen gleichgültig, bis er den Kleineren am Arm packt und mit sich reißt, während der andere, den Drachen in der Hand, jetzt zu mir herüberschaut, bis der Frisör, schon ein gutes Stück entfernt, zu dem verloren auf dem alten Fußballplatz Herumstehenden zurückschreit: »Du sollst auch heimgehen, und zwar sofort!«

Vom Bahnwärterhäuschen her kommen mir zwei Männer entgegen, die nach Vater und Sohn aussehen, der jüngere, einen halben Kopf größere, aber auch dicklichere mit seinem schleppenden Gang allerdings den Eindruck macht, als sei ihm alles zu mühselig, jeder Schritt und jede Bewegung, so träge, wie er neben dem anderen herschlurft, die Schultern schlaff, der Blick gen Boden gerichtet, während der ältere, hagere, braungebrannte kerzengerade voranschreitet und in allem das Gegenteil ausstrahlt, was den anderen nur umso träger aussehen lässt, dem er, als sie grußlos an mir vorbeigehen, den Satz hinwirft: »Wenn du nicht willst, kann man dir auch nicht helfen!«, ein Vernichtungssatz, der durch den schneidenden Ton fast einem Todesurteil gleichkommt. Als wir wieder ein paar Schritte voneinander entfernt sind, blickt der Kleingemachte genauso zu mir zurück wie ich zu ihm, sodass wir uns gegenseitig bei einer Neugier ertappen, die belanglos ist und peinlich zugleich.

Manchmal gehe ein Leuchten durchs Land, das alles Fragen überflüssig mache, jedes Warum und Wozu, zumindest für eine Weile, meinte Johannes, als komme ab und zu doch noch der Pfarrer in ihm durch, nur ganz anders als bei solchen Pfarrern, wie ich sie von früher kannte, nämlich ohne diesen Wink ins Jenseits hinüber, allenfalls in etwas Überirdisches hinaus, aus dem nicht sofort wieder ein Gott hervorlugen muss, ein solcher Gott aber auch nicht ausgeschlossen werden kann, zumal man eh nie wusste, woran man bei ihm war, wenn es ums Glauben ging, und zwar schon deshalb nicht, weil für ihn alles nur Worte sind, Worte über Worte, zu denen natürlich auch das Wort Wirklichkeit gehört, das ja auch nur ein Wort ist, weshalb man über das, was er da manchmal gesagt hat, lieber erst gar nicht allzu genau nachzudenken anfing.

Dort drinnen im Bahnwärterhäuschen riecht es vielleicht schon, genauso wie bei Lisa, zumindest in der Küche, die Abfälle, Wurstreste, vielleicht auch eine volle Waschmaschine, die durchgelaufen ist und jetzt zu gammeln anfängt, des Pfarrers Hemden und Unterhosen, wovon er jetzt unterwegs welche brauchen könnte, ich allerdings froh sein muss, dass ihm eines Tages die Katze entlaufen ist, für die man sonst sorgen müsste, was zwar nicht schlimm wäre, nur dass ich nicht weiß, ob ich zurzeit überhaupt etwas von ihm bei mir haben möchte. Vor ein paar Tagen schallte es noch zu seinem Fenster hinaus: »Leise rauschend gleitet fort im stillen Tal der helle Bach«, wogegen bei uns damals Rio Reiser durchs Haus brüllte: »Macht kaputt, was euch kaputt macht!«, während wir uns unterm trüben Gefunzel der nackten Glühbirne nächtelang in eine Wut gegen die falschen Bedürfnisse hineinsteigern konnten, denen der Rest der Welt aufsitzt.

Während der Predigten seien ihm beim Anblick der Gemeinde immer Tiergesichter in den Sinn gekommen, lauter Tiere, die da in den Bänken sitzen, vor sich hinträumen, andere beobachten oder in die Leere starren, treuherzige Hunde, dösende Katzen, stierende Esel, Fische mit offenen Mäulern, Vögel, die im Zickzack umhergucken, fett gefressen die einen, ausgemergelt die andern, mit allen nur erdenklichen Varianten dazwischen, ein Zoo aus brav Dasitzenden, die das Hochamt über sich ergehen lassen. Genauso erzählte er, die Pythia habe im Tempel zu Delphi nur ein einziges Mal im Jahr, und zwar zu Frühlingsbeginn, ihre Orakel verkündet, während sie zuvor den Winter in einer Landschaft verbracht habe, deren Himmel nie von einer Wolke befleckt gewesen sei. In solchen Abständen könne auch er sich vorstellen, nochmals den Priester zu spielen, ein einziges Mal im Jahr, am liebsten an Ostern, zu Auferstehung, mit mitternächtlichem Glockengeläut und einer Kerzenprozession in die strahlend erhellte Kirche hinein, zum Dröhnen der Orgel, wie es früher gewesen sei. Der abgesetzte Dekan soll damals, als alles vorbei war, noch drei-, viermal bei ihm im Bahnwärterhäuschen vorbeigekommen sein, scheinbar absichtslos und rein freundschaftlich, doch in Wirklichkeit, wie sich herausgestellt habe, um ihn zur Rückkehr zum Priesteramt zu bewegen.

Auf der Flucht kann man sich ihn schon deshalb kaum vorstellen, weil er nicht einmal zu kleineren Spaziergängen zu überreden war und allenfalls einen größeren Bogen um seinen Garten herum machte, bestenfalls bis zum Jägerstand hinüber oder zum Bach hinab, sieht man von seinen gelegentlichen Gängen zur Bank nach Liedberg hinüber einmal ab, die er nur deshalb hinter sich brachte, weil ich diese Dinge nicht für ihn erledigen konnte, es mit seinen Ausflügen damit aber auch schon getan war, er allerdings bei entsprechendem Wetter fast immer draußen saß unter der Pergola, von Folianten umgeben, mit Griffel und Zettelkasten, ein bärtiger Einsiedler wie auf alten Gemälden, nur ohne wirkliche Wildnis und Tierfratzen um sich herum, er sich diesen Bart jedoch erst nach dem Prozess wachsen ließ, sein fransiges Gezottel am Kinn hinab allerdings vor einem halben Jahr ohne jede Vorankündigung wieder abschnitt und auf meine Frage, warum er ihn plötzlich los sein wollte, wieder einmal reichlich sibyllinisch irgendeine Bibelstelle zitierte: »Bleibt in Jericho, bis euer Bart gewachsen ist, und dann kehrt zurück.« Gespenstisch bleich sah er ums Kinn herum aus, doch wie zehn Jahre jünger, obwohl seine käsige Haut fast etwas Krankes an sich hatte. Dass es wegen Lisa geschah, die Bärte nicht ausstehen kann, ahne ich erst seit ein paar Tagen. Andererseits darf ich nicht anfangen, jetzt überall Gespenster zu sehen, auch wenn es genügend Gründe dafür gäbe.

Nur zu gerne würde ich wissen, was Lisa mit seinen Zitaten und Wörterwelten anfangen soll, doch vielleicht hält er sich bei ihr auch zurück, während er in mir einen guten Zuhörer hatte, selbst dann, wenn mir während seiner metaphysischen Ausflüge zuweilen ganz andere Dinge im Kopf herumgingen. Andererseits kann es mir reichlich egal sein, wie es den beiden miteinander geht, zumal jetzt eh alles aus ist und man sich in diesem Leben so schnell nicht wieder begegnen wird, es sei denn vor Gericht, wo man einander aber nicht einmal anschauen muss, außer um zu sehen, ob er in kürzester Zeit gealtert ist oder Lisa mich immer noch so anguckt, als müsse sie sich für etwas rächen, das nicht einmal einen richtigen Namen besitzt, als verselbstständigten sich manche Gefühle zuweilen derart, dass sie gar keinen Anlass mehr brauchen, um sich in Wallung zu bringen.

In Mondnächten, wenn wir im wild wuchernden Garten saßen und im Dunkeln unsere Zigaretten aufglimmen ließen, konnte man sich darauf verlassen, dass er irgendwann den Satz sagte: *la lune ne garde aucune rancune*, stets den gleichen, einen Vers, von dem er selbst nicht mehr wusste, woher er ihn hatte, der Mond kennt keine Rache, aus einem Chanson vielleicht oder weiß Gott woher. Verglichen mit unserer Zeit im Bahnwärterhäuschen hatte sich bei ihm die Pergola zunehmend in eine wahre Laube verwandelt, mit ihren Kletterrosen, den roten und weißen, und den im Frühsommer weithin duftenden Holundersträuchen, was für ihn jetzt alles Vergangenheit sein wird, zumindest solange er auf der Flucht ist oder im Gefängnis sitzt, außer die beiden würden nie gefasst oder kämen noch einmal glimpflich davon, nur dass ich nicht weiß, ob es je wieder so werden könnte wie früher, es allerdings merkwürdig anmutet, bereits von früher zu reden, wo doch alles gerade einmal drei Tage her ist, drei Tage und einen halben oder allenfalls vier, nur dass ich mich frage, ob ein solches Zurück überhaupt wünschenswert wäre, ganz unabhängig davon, was sich zwischen den zweien tatsächlich abspielt, nur dass es ein Jammer ist, sich vorstellen zu müssen, nie mehr hier draußen in diesem Garten zu sitzen, inmitten der leuchtenden Lampionblumen, die wie chinesische Laternen aussehen, der Silberkerzen, die an Flaschenbürsten erinnern, und der rundum sprießenden Blaurauten, ganz zu schweigen von den Astern in allen Farben, einer einzigen Spätsommerpracht in einem seit Sonntag verwaisten Garten, der im Grunde auch ein wenig mir gehört, zumal wir ihn vor endlos vielen Jahren angelegt hatten, nur nicht so üppig, schließlich wollten wir nicht Blumen züchten, sondern uns selbst versorgen, mit Ziegen, Kartoffeln, Tomaten und Schafen, was eben auch so eine Idee war, aus der nie etwas Richtiges wurde.

In Lisas Augen handelte es sich bei meinen Abenden mit dem Pfarrer eh nur um Besäufnisse, was überhaupt nicht stimmte, nur dass ich ohne ihn auf sie alleine angewiesen gewesen wäre, während jetzt überhaupt keiner mehr da ist, zu dem ich gehen könnte, auch nicht zu Walter, dessen Sprüche einem spätestens beim dritten Bier auf die Nerven gehen. Ganz anders als mit Lisa hatte es zwischen mir und dem Pfarrer nie auch nur den geringsten Streit gegeben, was vielleicht ein Fehler war, und sei es deshalb, weil ich dadurch nie erfahren habe, ob ihm tatsächlich etwas an mir lag oder nicht. Im Grunde waren es immer nur Plaudereien über Gott und die Welt, bei denen es sich nie um uns selbst handelte, als bräuchten wir immerzu die grandiosen Umwege übers Große und Ganze, nur dass man nicht einmal von Umwegen reden kann, zumal es ja andere überhaupt nicht gab, sieht man einmal davon ab, dass ich ihm in der Anfangszeit meine Freundschaft mit Wutausbrüchen gegen seine Anklägerinnen zum Ausdruck bringen wollte, worauf er jedes Mal meinte abwinken zu müssen, als sei das eher mein Problem als das seine.

Da man mitten in der Woche nicht einfach seine Tankstelle schließen kann, war ich nur ein einziges Mal bei einer Gerichtssitzung dabei, an einem Septembertag wie heute, ein Septembertag vor sieben Jahren, als es bei der Verhandlung darum ging, dass der Pfarrer an einem seiner Erzählnachmittage im Kindergarten Klackgeräusche gehört habe, die offensichtlich aus der Kleidung eines Mädchens gekommen seien, das sich allerdings geweigert habe nachzuschauen, ihm jedoch beim Verabschieden ein Kassettenrekorder aus der Jacke gefallen sei, worauf die Mutter meinte, ihre Kleine habe nach diesem Vorfall nicht mehr in diese Geschichtenstunden gehen wollen, schon zweimal nicht mit einem versteckten Tonband, nur dass die Aushilfskindergärtnerin sie dazu gedrängt und sogar verlangt habe, den Pfarrer daheim zu besuchen, wo sie sich hinter dem Haus verstecken wollte, um dann zu Hilfe kommen und ihn gleichsam in flagranti erwischen zu können, worauf der Richter meinte, es zeuge von erstaunlicher Perfidie, die vermeintlichen Opfer auch noch in die Höhle des Löwen zu schicken, um beweiskräftige Tatsachen zu schaffen. Die Kinder waren an diesem Morgen nicht bei der Verhandlung dabei, und Johannes saß zurückgelehnt da, ohne etwas zu sagen, nicht einmal, wenn er gefragt wurde. Tagelang soll es so gegangen sein, ohne brauchbare Indizien und mit Kinderaussagen, die zunehmend widersprüchlicher wurden, nur dass eben auch Gegenbeweise fehlten, die aber in den Augen von Johannes eh vollkommen überflüssig waren, zumal er schon vor Beginn des Prozesses erklärt haben soll, man könne allenfalls das nachweisen, was man getan habe, aber nicht das, was nicht.

Während andere Tankstellenpächter mit ganzen Zeitschriftenwänden, Imbisstheken und allerlei Plunder ihr Überleben sichern müssen, hätte ich mühelos zwei, drei weitere Zapfsäulen aufstellen können, wäre nur Platz dagewesen, zu einer Zeit, als das Schicksal es auf einmal gut mit mir meinte, auch wenn ich mich wenige Jahre zuvor noch für einen Idioten gehalten hätte, würde ich mich hinter einer Kassentheke stehen gesehen haben, von morgens bis abends, auch samstags und sonntags, einer von denen, die wir früher für lebende Tote hielten, ich jedoch diese Tankstelle gegen nichts mehr hätte eintauschen wollen, zumindest in den ersten zwei, drei Jahren nicht, als noch das Gefühl vorhielt, endlich aufs Leben aufgesprungen zu sein. Wüsste man nicht, dass kein einziger Mensch hierherziehen will, würde ich mein Haus schleunigst verkaufen, obwohl es kaum etwas wert ist, weshalb Lisa es mir zwei Tage nach dem Tod ihrer Mutter auch zu einem Spottpreis überließ, was schon deshalb nicht nur uneigennützig war, weil sie mir damit die Sanierung überlassen konnte und ich mich trotzdem in ihrer Schuld fühlen musste. Andererseits gibt es mehr als genug Leute, die sich nach einer solchen Ruhe sehnen, wie wir sie hier haben, einer Ruhe, die einen ganz unruhig machen kann, sodass man nie weiß, ob dieses Leben eigentlich schwer erträglich ist oder kaum etwas zu wünschen übrig lässt, schließlich kann nicht jeder bis in den Mittag hinein schlafen, bei einer Kanne Kaffee stundenlang über der Zeitung sitzen, nach Belieben übers Land fahren und abends mit einem entlaufenen Pfarrer über Gott und die Welt philosophieren.

Hätte ich nicht schon als Kind in der Werkstatt daheim an Traktoren herumgeschraubt, könnte ich heutzutage nicht einmal Autos zerlegen, mit diesen drei, vier Semestern Seminaresprengen, Häuserbesetzen und Kapital-Kurse-Absitzen, Kurse, bei denen ich immer sofort müde wurde, deshalb aber umso emsiger den Übereifrigen mimte und, wie alle anderen auch, in so gut wie jedem Satz die Worte Profit, System, Dialektik und Mehrwert unterbrachte, vor allem die Dialektik, immerzu mit Blick auf jenes Reich der Freiheit, von dem die Beflisseneren unter uns natürlich wussten, dass es im dritten Band auf Seite achthundertachtundzwanzig auftaucht, dick angestrichen, vor allem der Satz, dass es dort anfängt, wo das Arbeiten aufhört, weshalb ich, genau genommen, seit sieben Jahren zu denen gehöre, die bereits im Paradies leben. Weil der Weg von den Kapital-Kursen zur Aussteigerkommune auf einmal nicht kurz genug sein konnte und von da an bald alle halbe Jahre neue Glaubensbekenntnisse die Runde machten, suchten ein paar von uns schließlich das Heil in ständig wechselnden Weltbildern, bis Tina eines Tages nach Poona pilgerte,

Anja ins Religiöse abdriftete, Andi die Kneipe seiner Alten in der Pfalz übernahm und Kai im Sessel vor laufendem Fernseher tot aufgefunden wurde, nachdem er drei Tage lang nicht im Paketlager erschienen war, wobei ich erst bei der Beerdigung erfuhr, dass er überhaupt eine Arbeit hatte.

Hätten wir gewusst, dass der Pfarrer einmal in unserem Häuschen wohnen wird, wir hätten uns totgelacht, wobei es damals noch ein anderer war und Johannes gerade einmal knappe zwei Jahre hier sein sollte, als auch schon diese Geschichte anfing, die im Grunde bei Lisa am Stammtisch erst richtig losging, als eines Abends ganz aufgeregt, um nicht zu sagen außer sich, mit Schweiß auf der Stirn, was bei ihm nichts Besonderes war, der Metzger in die Wirtschaft kam und noch im Stehen zu flüstern anfing, da sei eine ganz dabiolische Sache im Gang, eine Sache, von der er eigentlich noch gar nichts andeuten dürfe, und falls ja, dann nur mit unserem hochheiligen Versprechen, bloß keinem etwas weiterzusagen, schließlich dürfe er auch nicht verraten, von wem er es wisse, zumal es schon deshalb eine ganz dabiolische Sache sei, weil sie einen, von dem man es am allerwenigsten vermute, betreffe. »Zuerst einmal eine Runde!«, rief er, nachdem wir alle angespitzt waren, zum Tresen hinüber, um uns so lange warten zu lassen, bis endlich an die zehn frische Biere auf dem Tisch standen, als sei es für ihn bereits ein Triumph, dass wir so unruhig um ihn herumsitzen, weshalb er uns, immer wieder durch ein langes, stummes Kopfschütteln unterbrochen, das sein labberiges Dreifachkinn gar nicht mehr zur Ruhe kommen lassen wollte, noch eine ganze Weile mit dem Satz hinhielt: »Ihr würdet nie drauf kommen!«, um dann noch zwanzig Mal ein »Ihr müsst mir aber hoch und heilig versprechen«

anzuhängen, worauf er, nachdem wir es genauso oft bei Gott und allen Heiligen geschworen hatten, endlich von der dabiolischen Sache selbst anfing und wir allmählich verstanden, dass es sich um etwas wahrlich Diabolisches handeln musste, man ihm aber auch förmlich ansah, wie er bei allem Entsetzen, das sich in stummfilmreifem Augenaufreißen und angewidertem Kopfschütteln kundtat, Freudensprünge hätte machen können, weil endlich wieder etwas los war in unserem Kaff.

Als dann die Katze aus dem Sack und die Erregung groß war, dauerte es nicht lange, bis die ersten Witze über den Tisch gingen: »Was kann man einem Kinderschänder, der schon alles hat, noch schenken?«, Glotzen, Grinsen, Achselzucken: »Einen größeren Kindergarten!«, hahaha, schallte es durch die Wirtschaft, bis dem einen und anderen, als ihm endlich einfiel, es könnten auch seine eigenen Kinder betroffen sein, das Lachen schlagartig vergehen wollte und der Vorschlag aufkam, gleich einmal beim Pfarrer vorbeizuschauen, und zwar mit Stöcken in der Hand, was außer mir sonst so gut wie keiner für daneben hielt, nur dass er es jetzt mit Lisa treibt, verlogen und hintenherum, was der Dank dafür ist.

Als habe ihn eigens jemand einbestellt, steht der Hodenhund an der Ecke, schaut mich an, bleibt stehen und rennt nicht wie noch letzte Woche wieder weg, obwohl ich wie immer Grimassen schneide, er sich jedoch nicht von der Stelle rührt, wie ohne jeden Respekt vor mir, als habe ihn sein Herrchen geschickt, um mir nachzuspionieren, wobei sein unerbittlicher Blick den Eindruck erweckt, als wüsste er um alles, weshalb ich mich ganz schuldig zu fühlen beginne, vollkommen anders als sonst, und sei es, weil er mich mit seinem stieren Blick tatsächlich anzuklagen scheint, obwohl ein Hund sich ja bekanntlich überhaupt nichts denken kann, zumindest nicht so, wie es bei uns der Fall ist, er aber trotzdem auf eine Weise schaut, als wüsste er mehr, als er sagen will, weshalb es fast beruhigend ist, dass solche Wesen bloß bellen können, er aber nicht einmal das tut, sondern nur stumm herumsteht und mir das Gefühl gibt, ganz nackt zu sein, obwohl es nichts zu verbergen gibt, zumindest nichts, wofür man sich rechtfertigen müsste, schließlich hat man mich in die Sache einfach hineingezogen, weshalb von Schuld nicht die Rede sein kann, immerhin fühlt man sich Leuten, mit denen man sein Leben verbringt, selbst dann noch verpflichtet, wenn einem die Moral etwas ganz anderes einflüstert, zumal man nicht von jetzt auf gleich alles aufgeben will und es selbst in solchen Augenblicken eine Art von Verbindlichkeit gibt, eine Verbindlichkeit, die sich nicht einfach über den Haufen werfen lässt, ob man will oder nicht, auch wenn es das Falsche ist, was man macht, nur dass es andersherum genauso falsch wäre. Das Schlimme ist nur, dass ich mit niemandem darüber reden kann, am allerwenigsten mit Walter, auch wenn er mich sogar verstehen würde, mich aber, ohne sich strafbar zu machen, nicht verstehen dürfte, obwohl er mit solchen Dingen ja durchaus Erfahrung hat, nur dass es diesmal um mehr als bloß ein paar Nebengeschäfte geht.

Vor noch gar nicht so langer Zeit erzählte Johannes mir von einem Musiker, der einen Mord zugab, den er gar nicht begangen hatte, und dafür ein halbes Leben lang hinter Gittern saß. Auf die Frage, was ihn zu diesem falschen Geständnis getrieben habe, soll er bei seiner Entlassung geantwortet haben: Seit ich denken kann, habe ich mich schuldig gefühlt, was mit den Jahren immer schlimmer wurde, derart schuldig, dass es kaum noch zu ertragen war, mir aber nie klar werden wollte warum, weshalb ich etwas tun musste, um dieses Gefühl endlich dingfest zu machen und gleichzeitig loszuwerden, was mich auf die Idee brachte, einen Mord zu gestehen, den die Polizei nie aufklären konnte.

Es sollte mich nicht wundern, würde dieser Hund auf einmal das Maul aufmachen und etwas zu mir sagen, was mir dann zwar keiner glauben würde, jedoch tatsächlich stattgefunden haben könnte, aber unter uns bliebe. Immerhin soll es Leute geben, die nur deshalb Tiere umgebracht haben, weil sie von ihnen bei etwas Schlimmem beobachtet wurden und es nicht ertragen konnten, dass sie Mitwisser waren. Nicht umsonst war mir immer unwohl, wenn Lisas Bernhardiner, der gottlob tot ist, im Zimmer sein durfte, während wir es miteinander machten, zumal es nicht bloß eine Art Scham, sondern eher noch die Angst war, er könnte mich, in dem Glauben, ich wolle seinem Frauchen etwas antun, auf einmal anfallen, weshalb ich nie wirklich bei der Sache war und ständig zu diesem Köter hinüberschielte, der nicht bloß, wenn er im Dorfbach herumgewatet war, widerlich gestunken hatte.

Als sei das tatsächlich nötig, dass sie mir mit Tatütata entgegenrasen, zumal es Walter ist und der andere, wobei es natürlich auch sein kann, dass dieses Bürschchen am Steuer macht, was es will, und unbedingt mit Krawall und Karacho hier auftauchen muss, bloß weil sie mich nicht sofort daheim antreffen konnten. Fehlt nur noch, dass sie mich in Handschellen legen wie einen Schwerverbrecher und es dann heißt: Gefasst auf der Flucht auf freier Flur, auf dem Feldweg zum Bahnwärterhäuschen hinab, wo er sich gerade verstecken wollte, obwohl ich ihnen geradezu entgegen ins Auto laufe, so wehrlos, wie man nur wehrlos sein kann, was aber alles nichts nützt, da offenbar Gefahr im Verzug und Walter außer sich ist, so außer sich, wie ich ihn noch nie erlebt habe: »Herrgott, wir kennen uns jetzt schon seit weiß Gott wie vielen Jahren, muss das sein, verdammt noch mal!«, schreit er mich zur Begrüßung an und schickt seinen Hilfsbüttel zum Bahnwärterhäuschen hinab, um mit mir allein reden zu können, obwohl der andere bockt und bei meiner Festnahme dabeibleiben will, Walter ihn aber genauso wie mich anschreit, weshalb er dann doch brav ins Auto steigt und vollends die paar Hundert Meter zu den Schienen hinabfährt. Ob ich eigentlich noch bei Trost sei, ich hätte ihn wenigstens nicht anlügen sollen, ausgerechnet ich, brüllt er herum, obwohl ich ihn überhaupt nicht angelogen habe, mit keinem einzigen Wort, schließlich ist

Nichtssagen etwas anderes als Lügen, und zwar ganz eindeutig, ohne dass man deshalb schon in Wortklaubereien verfallen müsste, ich aber keine Lust habe, ihm das jetzt zu erklären, weder Lust noch Zeit, zumal es mir am liebsten wäre, wir bringen es so schnell wie möglich hinter uns und schweigen während der Fahrt durchs Höllental in die Stadt hinab, nur dass er auf einmal mit Schreien aufhört, mich am Arm festhält, ganz still wird und auf mein »Was ist?« bloß den Kopf schüttelt.

– »Herrgott, was hast du?«
– »Der Pfarrer ist tot.«
– »Tot!?«
– »Erhängt.«
– »Erhängt!?«

Ich müsste jetzt eigentlich fragen: wo?, oder Walter müsste es von sich aus sagen, aber da stehen wir einfach, ein bisschen unwirklich, zwei Gestalten am Feldrand, zwischen Bahnwärterhäuschen und Dorf, bei einem Wetter, das zu einem solchen Tag überhaupt nicht passt, wolkenlos und mit einer Stille, die seit dem Aufhören dieses Tatüs noch stiller wirkt als zuvor, nur dass Walter mich anschaut, als sei es an mir, jetzt etwas zu sagen, irgendeinen Satz oder auch nur ein Ach!, es aber auch Tränen sein könnten, ein Bestürztsein oder wenigstens ein Schulterzucken, jedoch kein entsprechendes Gefühl in mir aufkommen will, ich mich aber gedrängt fühle, etwas Passendes in mir spüren zu müssen, ein dafür vorgesehenes Gefühl, das jetzt aufkommen sollte, und zwar in aller Schnelle, als dürfe es nicht ohne gehen, nicht einmal für zwei Augenblicke, mich aber weder ein Entsetzen noch sonst etwas überkommen will, als handle es sich überhaupt nicht um die gleichen Leute, mit denen man vor ein paar Tagen noch zusammen war, so wie ich hier stehe und auf diese Wiesen hinausschaue und denke: Jetzt stehe ich hier und schaue auf diese Wiesen hinaus, während Walter offensichtlich will, dass ich ihn ansehe, was man spürt, auch ohne ihn anzuschauen, als spielten wir Räuber und Gendarm, nur ohne jedes Wegrennen und Sichsuchenmüssen, zwei Erwachsene, die es mit andern Kalibern versuchen, mit Sätzen, die man einfach so fallen lässt, wie um zu sehen, was der andere damit anfangen wird, flennen, schreien, abhauen, was ja alles möglich wäre, auch fluchen, wie man es manchmal so macht, wenn einem sonst nichts mehr einfällt, wir zwei hier jedoch nur stumm herumstehen an einem Hochsommertag Ende September, einem Tag, an dem man hätte nach Liedberg hinüber zum Baden fahren können.

– »Wo?«
– »Im Hotel.«
– »Im Hotel?«
– »In Paris.«
– »Paris!?«
– »Paris, heute Morgen.«

Aus Valparaiso ist nun also doch nichts geworden, falls die beiden das überhaupt je vorhatten, wozu sie ihre Zeit allerdings nicht hätten in Paris vertrödeln dürfen. Doch wer weiß, wie verquer man tickt, wenn erst einmal alles auf dem Spiel steht und die Nerven keine Nerven mehr sind, nur dass sie vielleicht auch dachten, wir wollen noch einmal Paris sehen, ein letztes Mal sozusagen, bevor man sich in einer Gegend wiederfindet, die schon beim Näherkommen ihren Reiz verlieren könnte, einen Reiz, der sich reiner Unkenntnis verdankt, zumal auch Lisas Bruder von dort drunten keine Briefe mit frohen Botschaften geschickt hatte, soweit es überhaupt Nachrichten von ihm gab außer dieser Geschichte mit den Fischerbooten, mit denen er Touristen auf Inseln, die man nicht betreten darf, hinausgefahren haben soll, Inseln mit Seelöwen und Pinguinen, die ein Leben lang als Paare zusammenbleiben und bei denen zwei, drei Tage nach dem Tod des einen auch der andere stirbt.

Längst hätten wir in eine solche Gegend ziehen können, mit Blick aufs Meer hinaus, in die Ewigkeit hinüber, ich mich aber immer gefragt habe, wie man dort ganze Jahre verbringen soll, schließlich wollten uns ja bereits zwei Tage in Paris schon zu lang werden, nur dass Lisa vermutlich dachte, mit Johannes würde alles anders, selbst auf der Flucht, als ein Paar, das entkommen war, falls sie überhaupt ein Paar waren.

Was Walter sonst noch weiß, von Drohungen, einem neuen Prozess, Erpressung gar, versteht er selbst noch nicht, außer dass sie mich ganz klar erkannt haben will, aber erst jetzt sich daran erinnert hat, um wen es sich handelt, mit weniger Haaren und dicker als damals, so sei ich charakterisiert worden von ihr.

– »Schaut im *Löwen* vorbei, sitzt in der leeren Wirtsstube, fragt dieses, fragt jenes, deutet an, warum sie da ist, geht Lisa kurz weg, auf einmal steht der Pfarrer da, wie aus dem Nichts.«

– »Sagt Lisa?«
– »Nein, sie.«
– »Und dann?«
– »Das wollen wir jetzt von dir wissen.«
– »Von mir?«
– »Von dir!«

Nicht ich, vielmehr Walter ist nicht mehr ganz bei Trost, wenn er meint, ich kenne den Rest der Geschichte, ausgerechnet ich, der am allerwenigsten weiß, bei allem, worauf ich hätte gerne verzichten können, so sehr wie auf nichts anderes in meinem Leben. Ich solle meine Sachen packen, diesmal könne es länger dauern, doch das müsse er mir ja nicht extra sagen, mit den anderen Geschichten habe das Ganze nichts zu tun, keine Sorge!, klopft er mir auf die Schulter.

Das, was diese Frau behauptet, muss nicht die einzige Wahrheit sein, zumal sie schon nicht mehr richtig bei sich war, nur dass schwer absehbar ist, in welche Richtung Lisa querschießen könnte.

Selbst wenn immer etwas offen blieb, hieß das für mich noch lange nicht, dass an der Geschichte etwas dran ist, zumal diese Kindergärtnerin mir als Inbegriff verhärmter Rachsucht erschien, einer Rachsucht, die sich an der ganzen Welt rächen will. Am Ende mag es vielleicht doch nur eine Frage von Worten sein, weit mehr, als man denkt, schließlich konnten sich einem, wenn er rauchend in seinem Schaukelstuhl hin und her wippte und derartige Reden führte, zuweilen tatsächlich ungute Gedanken aufdrängen.

Und jetzt werden wir uns nicht einmal mehr vor Gericht begegnen.

Spiele, die man im Knast mit sich alleine spielen kann? Mikado, Schach, Patience, nur dass ich mir bei Patience wie Lisas Mutter vorkäme. Am besten, sie gäben mir meine alte Zelle wieder, mit diesem *Venceremos* an der Wand, das an unsere alte Küche erinnert.

Uns entgegen strahlt eine fahle, weißliche, beißende Sonne, als sei es auf einmal doch schon Spätherbst. Während die immer noch satten Wiesen und leeren Felder an uns vorbeigleiten, schweigen die beiden vor mir, außer dass Walter, weil er diese Stille vermutlich kaum aushält, zwischendrin solche Sätze wie »Wir müssen da durch, ob wir wollen oder nicht« von sich gibt, wobei ich mich frage, warum er *wir* sagt, schließlich schläft er nach wie vor daheim in seinem eigenen Bett.

»Ich habe es immer gewusst«, würde Mutter jetzt mit ersterbender Stimme sagen, nur dass man nicht wüsste, was größer ist, die maßlose Enttäuschung oder ein kleines Siegesgefühl.

Vielleicht lasse ich mir jetzt einen Bart wachsen, und zwar so lange, bis ich wieder draußen bin.

Anders als vor zwei Tagen schweigen wir diesmal nahezu während der gesamten Fahrt. Walter beruhigt mich nicht mehr, noch will er mich aufmuntern. Enttäuscht, dass ich ihm nicht die Wahrheit gesagt habe, schaut er stur geradeaus und schüttelt manchmal den Kopf, wie zum Zeichen, dass er die ganze Welt, aber vor allem mich nicht mehr versteht. Unser Schweigen ist mir lieber, als wenn wir jetzt darüber reden müssten. Dass er ab und zu den Kopf schütteln muss, sei ihm gegönnt.

Am Ende kommt es noch so weit, dass Lisa und ich wieder zusammen sind, getrennt zusammen im selben Gefängnis, so wie ich es mir im Grunde immer vorgestellt habe: dass sie in der Nähe ist, wir aber nichts miteinander unternehmen müssen, anwesend und abwesend zugleich, ohne Verpflichtung, aber auch ohne Alleinsein.

»Lasst die Toten ihre Toten begraben!«, auch so ein Bibelsatz, ein besonders gnadenloser, obwohl er vielleicht anders gemeint ist. Johannes könnte darüber stundenlang reden und wäre nach drei Sätzen schon ganz woanders.

Ob er ein Testament gemacht und mich dabei bedacht hat, mit seinen paar Habseligkeiten, Folianten, zwei Schaukelstühlen und einem Konto, auf dem kaum etwas sein kann?

Vielleicht bin ich jetzt ja wirklich frei, losgelöst wie all die Jahre nicht, als hätten die beiden das sogar für mich getan, für ein Freisein, bei dem man nichts mehr zu verlieren hat, wie es in dem berühmten Lied heißt, nur dass wir damals, als es ständig durchs Haus dröhnte, keine Ahnung hatten, wie sich das wirklich anfühlt. Inzwischen können wir es uns nicht mehr aussuchen, es ist, wie es ist, ob wir wollen oder nicht.

Während der Übertragung der ersten Mondlandung, erzählte Johannes, sei er zwischen seinen Eltern auf dem Sofa gesessen. Warum das ein großer Schritt für die Menschheit sei, habe er von seinem Vater wissen wollen, als es hieß, das habe der Mann im Astronautenanzug beim Aufsetzen auf den Mondboden behauptet. »Sei ruhig!«, habe sein Vater geschrien und beinahe den Fernseher zusammengeschlagen, weil just in dem Augenblick, da dieser Mann das amerikanische Fähnchen in den Boden rammen wollte, bloß noch Geflimmer zu sehen gewesen sei. Tobend sei der Vater im Zimmer herumgerannt, wie wild an den Knöpfen herumdrehend und auf den Fernseher einhämmernd, während er sich als Kind nur gefragt habe, wie still es dort oben wohl sein müsse.